大势

人民日报解读中美贸易摩擦

任仲文 编

人民日报出版社

图书在版编目（CIP）数据

大势：人民日报解读中美贸易摩擦 / 任仲文编 . -- 北京：人民日报出版社，2019.6
ISBN 978-7-5115-6080-3

Ⅰ.①大… Ⅱ.①任… Ⅲ.①中美关系－双边贸易－研究 Ⅳ.① F752.771.2

中国版本图书馆 CIP 数据核字（2019）第 105056 号

书　　名：大势：人民日报解读中美贸易摩擦
编　　者：任仲文

出 版 人：董　伟
责任编辑：蒋菊平
版式设计：九章文化

出版发行：人民日报 出版社
社　　址：北京金台西路 2 号
邮政编码：100733
发行热线：（010）65369509　65369527　65369846　65363528
邮购热线：（010）65369530　65363527
编辑热线：（010）65369528
网　　址：www.peopledailypress.com
经　　销：新华书店
印　　刷：大厂回族自治县彩虹印刷有限公司

开　　本：710mm×1000mm　1/16
字　　数：237 千字
印　　张：20.5
版　　次：2019 年 6 月第 1 版　2019 年 6 月第 1 次印刷

书　　号：ISBN 978-7-5115-6080-3
定　　价：56.00 元

目　录

立场：重大原则决不让步

君子之国，先礼后兵
　　人民日报评论员 ·· 003

漫天要价，意欲何为
　　人民日报评论员 ·· 005

反复无常，失信天下
　　人民日报评论员 ·· 008

霸凌主义，不得人心
　　人民日报评论员 ·· 010

极限施压，注定无用
　　人民日报评论员 ·· 013

中国不会屈服于任何极限施压
　　钟　声 ·· 015

谁在"为赋新词强说愁"

——"美国吃亏论"可以休矣

钟 声 ·· 019

不要陶醉于自欺欺人的"胜利"

——"加征关税有利论"可以休矣

钟 声 ·· 023

谁在"出尔",谁在"反尔"

——"中国出尔反尔论"可以休矣

钟 声 ·· 026

从来就没有什么救世主

——"美国重建中国论"可以休矣

钟 声 ·· 029

欲加之罪,何患无罪

——"中国强制转让技术论"可以休矣

钟 声 ·· 032

香者自香,臭者自臭

——"中国技术有害论"可以休矣

钟 声 ·· 035

捕风捉影者,风必摧之

——"中国盗窃知识产权论"可以休矣

钟 声 ·· 038

不要逆历史潮流而动
——"对华文明冲突论"可以休矣
　　钟　声 ································· 041

轻舟已过万重山
——"中国退步论"可以休矣
　　钟　声 ································· 044

磋商严重受挫，责任完全在美方
　　钟　声 ································· 048

国际论坛：诿过于人不如反观自照
　　向　一 ································· 052

国际论坛：美方不要低估中方反制能力
　　五月荷 ································· 055

国际论坛：站在公道正义一边　坚决反制霸道行径
　　五月荷 ································· 058

国际论坛：科学不是自私自利的享乐
　　五月荷 ································· 061

国际论坛：和气致祥　乖气致异
　　五月荷 ································· 064

国际论坛：真相面前，美方推卸不掉责任
　　语　岸 ································· 067

对于重大原则问题，中国决不退让
——访中国国际经济交流中心首席研究员张燕生
人民日报记者　齐志明 ·················· 070

底气：最重要的就是做好自己的事情

没有任何力量能够阻挡中国人民实现梦想的步伐
　　钟轩理 ·················· 075

任何挑战都挡不住中国前进的步伐
　　国纪平 ·················· 083

人民论坛：中国经济的底气所在
　　周人杰 ·················· 096

人民论坛：中国经济的深层优势
　　李　拯 ·················· 099

人民论坛：中国经济的无限潜能
　　陆娅楠 ·················· 102

人民论坛：中国经济的空间广阔
　　李　斌 ·················· 105

人民论坛：中国经济的创新动力
　　白天亮 ·················· 108

人民论坛："不怕打贸易战"的底气
　　纪　帆 ·················· 111

人民论坛：中国经济的信心所依
　　刘志强 …………………………………………………… 114

人民论坛：中国经济的大势所趋
　　李浩燃 …………………………………………………… 117

人民论坛：最重要的是把自己的事做好
　　李　斌 …………………………………………………… 120

人民论坛：中国经济的活力澎湃
　　赵展慧 …………………………………………………… 123

人民论坛：中国经济的"压舱石"
　　林丽鹂 …………………………………………………… 126

人民时评：新优势，激荡内生增长力量
　　——感受中国经济"发展新优势"①
　　李　拯 …………………………………………………… 129

人民时评：新动能，深刻改变产业供给
　　——感受中国经济"发展新优势"②
　　陆娅楠 …………………………………………………… 132

人民时评：新职业，让更多人梦想成真
　　——感受中国经济"发展新优势"③
　　何鼎鼎 …………………………………………………… 135

人民时评：新业态，向未来开疆拓土
　　——感受中国经济"发展新优势"④
　　陈　凌 …………………………………………………… 138

人民时评：新消费，提升美好生活体验
　　——感受中国经济"发展新优势"⑤
　　王 珂 ………………………………………………… 141

人民时评：新技术，占据创新制高点
　　——感受中国经济"发展新优势"⑥
　　余建斌 ………………………………………………… 144

人民时评：新制造，让生产更加智能化
　　——感受中国经济"发展新优势"⑦
　　李 拯 ………………………………………………… 147

人民时评：新建造，挺起发展的脊梁
　　——感受中国经济"发展新优势"⑧
　　彭 飞 ………………………………………………… 150

影响总体可控　发展持续稳定
　　——国家发展改革委副主任宁吉喆就美对我新一轮加征关税
　　　影响答记者问
　　人民日报记者　陆娅楠 ………………………………… 153

我国将坚定不移推进制造业高质量发展
　　——工信部副部长王志军就美对我新一轮加征关税影响答记者问
　　人民日报记者　王 政 ………………………………… 159

"央企有信心、有决心、有能力应对外部各种风险和冲击"
　　——国务院国资委副主任翁杰明就美对我新一轮加征关税影响
　　　答记者问
　　新华社记者　王 希　许 晟　人民日报记者　刘志强 ……… 165

有能力有信心保障重要农产品供给
——中央农办副主任、农业农村部副部长韩俊回应美对我
新一轮加征关税焦点问题
　　新华社记者　于文静　人民日报记者　高云才 …………… 171

中国资本市场韧性在增强　抗风险能力在提高
——证监会主席易会满就美对我新一轮加征关税影响答记者问
　　新华社记者　刘　慧　人民日报记者　许志峰 …………… 177

中国经济发展韧性十足
　　人民日报记者　陆娅楠 ……………………………………… 184

我国企业发展活力充沛
　　人民日报记者　刘志强 ……………………………………… 187

我国外贸势头好动能足
　　人民日报记者　杜海涛　王　珂 …………………………… 190

中国农业"压舱石"稳得很
　　人民日报记者　赵永平 ……………………………………… 193

我国消费"主引擎"动力强
　　人民日报记者　齐志明　罗珊珊 …………………………… 196

我国科技动能持续释放
　　人民日报记者　赵永新　余建斌 …………………………… 199

我国就业形势平稳向好
　　人民日报记者　李心萍 ……………………………………… 202

我国农村市场潜力深厚
　　人民日报记者　朱　隽 ················· 205

大势：合作开放是正确选择

中美开展经贸合作是正确的选择，但合作是有原则的
　　人民日报评论员 ························ 211

战略误判，后果严重
　　人民日报评论员 ························ 213

关键之处见从容
　　钟　声 ································ 216

国际秩序容不得任性妄为
　　——无视规则必将失败
　　钟　声 ································ 219

公平合作是唯一正确的选择
　　——零和博弈必将失败
　　钟　声 ································ 222

狂风骤雨不能掀翻大海
　　——逆势而动必将失败
　　钟　声 ································ 225

搞科技霸权就是阻碍发展进步
　　——拒绝竞争必将失败
　　钟　声 ································ 228

玩弄强权注定失道寡助
　　——唯我独尊必将失败
　　钟　声 ·················· 231

"美国例外"是有害的文明优越论
　　——双重标准必将失败
　　钟　声 ·················· 234

信用破产是最大的破产
　　——言而无信必将失败
　　钟　声 ·················· 237

难道非要撞了南墙才回头
　　——一意孤行必将失败
　　钟　声 ·················· 240

机关算尽一场空
　　——自作聪明必将失败
　　钟　声 ·················· 243

亚当·斯密在悄悄流泪
　　——看清美国某些政客"合则用、不合则弃"的真面目
　　钟　声 ·················· 246

留下玫瑰，授人荆棘
　　——看清美国某些政客"合则用、不合则弃"的真面目
　　钟　声 ·················· 249

国际论坛：国际关系岂能退回到野蛮时代
　　五月荷 ·················· 252

国际论坛：美国市场变成了风险样本
　　五月荷 ·· 256

人民论坛：中国的发展是世界的机遇
　　陈　凌 ·· 259

人民论坛：中国经济发展为世界作出巨大贡献
　　李浩燃 ·· 262

加征关税伤害美国经济
　　——美国社会各界强烈反对提高中国输美商品关税
　　人民日报驻美国记者　吴乐珺 ················ 265

专家研讨中美贸易关系——
"美国吃亏论"站不住脚　加征关税损害双方利益
　　人民日报记者　林丽鹂　丁怡婷 ············· 269

美国一些商界、学界人士以及地方政府官员——
反对美政府升级贸易摩擦做法
　　人民日报驻美国记者　章念生　胡泽曦 ······ 274

中美贸易失衡是个"伪命题"
　　——访全国政协委员、中国国际贸易促进委员会会长高燕
　　人民日报记者　林丽鹂 ······················· 279

美国骄纵霸凌难挡开放合作大势
　　——访全国政协外事委员会委员、中国前驻欧盟使团团长杨燕怡
　　人民日报记者　白　阳 ······················· 282

美方经济霸凌行为严重践踏多边贸易规则
——中国贸促会会长高燕就美对我新一轮加征关税影响答记者问
人民日报记者　林丽鹂 …………………………… 285

美举措对我外贸外资影响总体可控　我国将继续扩大开放优化营商环境
——商务部副部长兼国际贸易谈判副代表王受文就美对我新一轮加征关税影响答记者问
新华社记者　于佳欣　人民日报记者　王　珂 …………… 289

美国挑起经贸摩擦损害两国和全球利益
——访中国社会科学院世界经济与政治所国际贸易研究室主任东艳
人民日报记者　罗珊珊 …………………………… 296

附录

关于中美经贸磋商的中方立场
中华人民共和国国务院新闻办公室 …………………… 299

立场：
重大原则决不让步

君子之国，先礼后兵

人民日报评论员

自古以来，中国就是礼仪之邦，交往讲究礼尚往来，交锋讲究先礼后兵。

对中美经贸摩擦，中方始终保持极大的克制，始终抱以极大的诚意，认真精心准备谈判。即便在美方进行极限施压，宣布对2000亿美元的中国输美商品加征关税后，中方仍派代表团赴美进行第十一轮高级别磋商，把通过谈判解决问题的诚意保持到最后一刻。在美方此举直接导致中美经贸摩擦升级后，中方不得不对原产于美国的部分进口商品调整加征关税措施，同时仍希望美方回到双边经贸磋商的正确轨道，和中方共同努力，相向而行，在平等相待、互相尊重的基础上继续推进谈判。

君子之国，有君子之道。正如有外国政要指出的，中国在国际上重信守诺，体现了古老的中华文明的智慧和中国作为一个负责任大国的历史担当。一年来，中方推动谈判的诚意和善意有目共睹。我们重信用、守承诺，这一点从来没有改变过。遗憾的是，美方一再提高要价，几番出尔反尔，痴迷于极限施压，以为可以通过这种不讲信用、蛮横霸凌的做法实现自己利益最大化，这是判错了形势、认错了对象！千万别把中国的诚意当可欺，千万别以为中方在重大原则问题上会退让妥协，千万别以为中方会拿国家核心利益和人民根本利益去做交易。中国人民维护国家利益和尊严的信念高度一致、决心坚如磐石，现在的中国绝不会再做丧权辱国的事情，任何人都不要指望中国会吞下损害自己核心利益的苦果。搞霸凌主义、极限施压那一套，除了有损美方信誉和形象，别无他用。

面对美方挑起的经贸摩擦，中方的立场始终明确：贸易战没有赢家，中国不想打，但也不怕打。中国经济和美国经济深度融合，美方加征关税，对中国人民不利，对美国人民不利，对世界人民也不利。从一开始，中方对此就有清醒的认识，始终以最大的诚意与美方磋商，做到了仁至义尽。同时，中方对最坏的结果也有预判，做好了充足的准备。中国人民从历史经验中懂得，不打无准备之仗，不打无把握之仗，必须坚持底线思维，从最坏处准备，向最好处努力。一年来，举国上下围绕稳就业、稳金融、稳外贸、稳外资、稳投资、稳预期做好各方面工作，成效正在显现，经济基本面稳中向好，我们对中国经济的承压能力、抗风险能力有足够自信，无惧美方把贸易战打下去。

中美开展经贸合作是最好的选择，但合作是有原则的。在重大原则问题上中方不会让步，也不可能让步。中方谈判的大门始终是敞开的，始终认为中美在经贸领域有着广泛的共同利益和广阔的合作空间，应该求同存异，合作共赢。但谈判必须有诚意，必须遵循相互尊重、平等相待的原则，双方的协议必须是平等、互利的。只有双方相向而行，求同存异、聚同化异，抱着理性、务实的态度解决问题，才能让中美经贸交往更好造福两国人民和世界人民。

《人民日报》（2019年05月15日　04版）

漫天要价，意欲何为

人民日报评论员

"成功的谈判，双方都是胜利者。"这是美国著名谈判专家杰勒德·尼伦伯格的一句名言。

然而，在中美经贸谈判中，美方却与这一理念背道而驰，一再得寸进尺、一味漫天要价，导致谈判严重受挫。美方的行为，不仅是对形势的严重误判，也完全低估了中方捍卫自身权益的决心和意志。

众所周知，中美经贸谈判，一开始就是围绕贸易不平衡问题谈的。可是，在谈判过程中，美方不断扩大范围、频频提出不合理要价。即便如此，中方始终以最大诚意和善意回应美方关切，以求同存异的态度对待彼此分歧，尽最大努力推动谈判进程，并取得一系列重要成果。这既是对"合作共赢"理念的践行，也是对两国和世界人民负责。

一个好的谈判协议要达成，必须照顾到彼此核心利益和重大关切。既然是经贸谈判，就要围绕"经贸"来谈。倘若在谈判中，不断抬高要价，甚至试图把损害对方核心利益的内容塞入协议，只能是为谈判设置障碍，何谈诚意？习近平主席早就指出，"任何外国不要指望我们会拿自己的核心利益做交易"。期望中方拿原则问题和核心利益作交换,注定是美方最大的战略误判。

对中美经贸谈判,中国人是有诚意的,但中国人也是有尊严的;中国人是讲道理的,但遇到不讲理的也不怕。倘若把中方的诚意当作"可欺",以为是超级大国就可以"予取予求",不顾约定和实际随意改变贸易采购数字,不断提出违背中方核心利益的无理要求,甚至在协议文本的措辞上都要居高临下、搞霸凌主义,对这种做法,中方是完全不能接受的。

中国无意改变美国,也不想取代美国;美国无法左右中国,更不可能阻遏中国的发展。在涉及国家核心利益的问题上,美方"得寸进尺",只能得到中方的"寸步不让"。那种"极限施压"的交易艺术,对于历经磨难的中国人来说,注定不起作用;那种"切香肠"式的谈判手法,对于饱经风雨的新中国来说,只能是一厢情愿;那种"醉翁之意不在酒"的打压遏制,对于走向伟大复兴的中华民族来说,更是痴心妄想。

对于"不平等条约",中国人有着刻骨铭心的记忆。1840年以来,一系列不平等条约,让中国人民受尽欺凌,让中华民族饱受屈辱。正因如此,中国共产党自成立之日起,就把废除不平等条约作为重要任务;新中国成立以后,中国人民才彻底挣脱了这些不平等条约。在中华民族走向伟大复兴的今天,如果还有人妄图逼迫中国签"城下之盟",这种念头,不仅是对中国近代史的极端无知,也是对中国人民的极大挑衅。

今年是新中国成立70周年。回顾这段波澜壮阔的伟大历程,我们可以得到很多珍贵的启示。其中很重要的就是,中国特色社会主义道路我们走对了,改革开放是坚持和发展中国特色社会主义的必由之路。无论是经贸谈判,还是国际交往,中国的开放大门始终敞开,中国的原则底线坚如磐石。任何人都改变不了中国人民走中国特色社会主义道路的决心,任何人也阻挡不了中华民族实现伟大复兴的步伐!

《人民日报》(2019年05月17日　03版)

反复无常，失信天下

人民日报评论员

"人无信不立，国无信则衰。"诚信是一个人的立身之本，也是一个国家的生存之基。

从去年3月至今，中美经贸磋商谈了十一轮，虽然取得重要进展，但也几经反复。一个重要原因，就是美方的反复无常，这一点世人都看在眼里。令人惊诧的是，美方在最近的谈判中，竟然给中国贴上"倒退""背弃"等标签，指责中方"违背承诺""出尔反尔"。这真是颠倒黑白、倒打一耙。

在中国文化中，失信是很严重的一件事情。今年5月的谈判，协议都还没有签订，哪来的承诺？中方"违背承诺"又从何说起？谈判不就是讨价还价吗？难道只能接受美方的漫天要价？如果一方压着一方谈，谈判结果一边倒，那还有平等可言么？还是正常谈判么？

至于谁在"出尔反尔"，国际社会自有公论。去年5月19日，中美双方达成不打贸易战的共识，仅仅10天后，美方就公然违背承诺、挥起关税大棒；去年12月1日，中美双方就贸易采购数额达成共识，但美方却在此后的磋商中背弃共识、肆意抬高要价；今年5月5日，美方又重启关税威胁，使双方谈判遭受严重挫折。刚刚达成的共识，马上就可以翻脸不认；公然地毁约失信，似乎成了美方的家常便饭。

美国开国元勋本杰明·富兰克林说过一句名言："诚实是最好的策略"。作为商业大国，美方应该明白这个道理。遗憾的是，在中美经贸谈判过程中，美方翻脸比翻书还快。往往是刚刚表态"进展顺利"，随后又无端指责中国；一会儿说要达成"重大协议"，一会儿又肆意挥舞关税大棒。或许，美方把翻云覆雨当成"交易的艺术"，但一定是误判了形势、找错了对象。中国是一个堂堂正正的大国，向来重信守诺，也从不会逆来顺受。美方这种反复无常的手法，除了自损形象，没有任何意义。

在世界经济的大海中，各国互通有无，船只川流不息，靠的是信用之帆和规矩之锚。遵守规则、尊重契约使得不同个人、群体和国家可以形成广泛合作，是人类进入文明社会的主要特征。然而，现任美国政府不顾各国公认、普遍遵循的国际交往准则，采取了一系列背信弃义的做法，对国际关系采取机会主义态度。在"美国优先"的旗号下，美国不断背弃承诺、频频变脸"退群"，成为国际社会的最大"不守规矩者"。美国人喜欢讲"软实力"。这几年，美国的"软实力"正在走下神坛。连"软实力"的提出者约瑟夫·奈都认为，美国的"软实力"已经遭到削弱。的确，没有公信力，谈何"软实力"？只想自己"优先"，又何来公正平等，谈何再次"伟大"？

人们常说，"最大的破产就是信用的破产"。屡屡失信、出尔反尔，是难以取信于人、走得长远的。美方的翻云覆雨、阴晴不定，正在透支、损耗美国的国家信誉。

《人民日报》（2019 年 05 月 18 日　03 版）

霸凌主义，不得人心

人民日报评论员

这个世界，从来就没有什么救世主。然而，有的国家总以为自己就是救世主，可以横行霸道、为所欲为。

在中美经贸谈判中，美方就有这样的幻觉。自己动用行政手段打压中国企业，却给中国扣上"不公平竞争"的帽子；自己千方百计限制对华技术出口，却要求中国减少美对华贸易逆差；自己在谈判前突然宣布加征关税、在谈判中罔顾中方关切，却颠倒黑白指责中方"违背承诺"……这种赤裸裸的霸凌主义，注定是不得人心的。

一段时间以来，美国利用其超级大国的优势地位，将霸凌主义演绎得淋漓尽致：根据美国国内法单方面挑起贸易摩擦，片面指责他国实施产业政策，以国内法"长臂管辖"制裁他国，将国内问题国际化、经贸问题政治化……对于贸易战，美国总统贸易顾问彼得·纳瓦罗更是露骨地说，"由于美国拥有远远大于其他国家的实力，其他国家不敢（对美国）采取报复性措施"。真是何其狂妄自大，何其目中无人！

也不奇怪，美国高高在上、咄咄逼人的姿态，无非是还在信奉

"强权即真理"的旧观念，对世界的想象还停留在"丛林法则"的旧时代，对国家间关系还秉持着"文明冲突"的旧思维。由此也不难理解，为何在中美经贸谈判中，美方总是肆意挥舞关税大棒，试图通过极限施压实现"一家独大、赢者通吃"，抱着"零和思维"逼迫中方在核心利益上让步，甚至在谈判姿态上都想高人一等、压人一头。

事实上，在对中国挑起贸易战之前，美国已经把贸易战的战火烧向了全世界很多国家，连欧盟与日本等美国传统盟友都未能"幸免"。美国《华尔街日报》网站文章指出，"白宫决心在多条战线同时打地缘政治仗，这也表明它对国际外交、国际政治长期以来常见的一些选择持蔑视态度"。为了确保自己遥遥领先的"绝对优势"，不惜打压别国的发展权甚至生存权，"美国优先"的一意孤行，已经在世界上惹了众怒。"吹灭别人的灯，会烧掉自己的胡子。"在经济全球化深入发展、各国利益深度融合的今天，倒行逆施的霸凌主义，不仅行不通，而且十分危险。

习近平主席说的好："中国不觊觎他国权益，不嫉妒他国发展，但决不放弃我们的正当权益。中国人民不信邪也不怕邪，不惹事也不怕事。"美国的霸凌主义曾经屡试不爽，但在中国这里注定失灵。如今，美国对华贸易战"易胜""速胜"已成幻想，中国经济也在中美经贸摩擦的"冲击测试"中，经受住了考验，闯出了新天地。霸凌主义吓不倒中国。中国经济是一片大海，而不是一个小池塘。经历了无数次狂风骤雨，大海依旧在那儿！经历了5000多年的艰难困苦，中国依旧在这儿！面向未来，中国将永远在这儿！

得道多助，失道寡助。或许，美国一直是那个美国，但世界早已不是过去的世界了。霸凌主义的迷思,不可能让美国重建"单极世界",不可能阻拦中华民族伟大复兴的进程,不可能阻挡世界多极化和经济全球化的时代洪流。

《人民日报》(2019 年 05 月 19 日　03 版)

极限施压，注定无用

人民日报评论员

谈判要有意义，就必须有诚意。这是一个再明白不过的道理。

然而，在中美经贸谈判中，美方却诚意不足、居心叵测，动辄挥舞关税大棒、一再进行极限施压，妄图靠施压迫使中方接受漫天要价。这种如意算盘，最终必定落空。

从去年3月至今，中美经贸谈判虽几经反复，但有一点始终清晰不变：无论美方怎样威胁，中方都始终坚守捍卫国家正当权益和民族尊严的底线；无论美方如何施压，中方都"风雨不动安如山"。美方应该清楚，中国人从来不接受任何形式的讹诈，极限施压的套路，在中国这里注定没有用处。

看看现实，中国核心利益岂容交易？习近平主席说过，"谁都不要指望我们会吞下损害我国主权、安全、发展利益的苦果"。中国人民维护国家利益和尊严的信念高度一致，中华民族实现伟大复兴的意志坚如磐石，近14亿中国人民过上更加美好生活的追求不可阻挡。对于中美经贸谈判，中方希望达成协议，但绝不会拿自己的核心利益做交易。中国经济的体量在这里，中华民族的尊严不可欺，指望通过对几千亿美元的中国商品加征关税就把中国吓倒，未免太不自量力了！中国人民是有志气的，任何极限施压，都只能让中国人民更加看清霸权主义的本质，更加坚定维护自身利益的意志。

读读历史，新中国何时屈从过威胁？中国人向来不信邪也不怕邪、不惹事也不怕事。新中国成立之初，尽管我们连"一辆拖拉机都不能造"，又面临西方世界的全面封锁，都从未向任何非正义压力低过头；今天的中国，拥有全球最完整的产业体系，拥有巨大的国内市场和迅速增强的创新能力，更不可能惧怕谁。这是志气所在，也是底气所在！回望历史，每当外部压力加大之时，就是中国人民自强不息、众志成城的民族精神激昂之日。任何封锁欺压，都只会更加激发中国人民自力更生、艰苦奋斗的精气神；任何困难挑战，最终都只会成为我们前进路上的垫脚石。

展望未来，时代潮流怎么可能阻挡？中美经贸摩擦，本质上是进步与落后、平等与霸权、自由贸易与保护主义的较量，中国站在国际道义和时代潮流这一边。美方肆意践踏国际经贸规则、冲击多边贸易体制，给世界制造了巨大的不确定性。中国采取的立场，不仅是在维护自身正当权益，也是在维护自由贸易体系，维护国际规则秩序，维护世界经济发展的前景，维护世界各国的共同利益。所谓"得道多助，失道寡助"，倘若仗着自己财大气粗，一意孤行，美方终将领会到这句中国古语的深意。

在国际事务中，中国从来都主张通过对话协商解决分歧。对中美经贸交往中存在的问题，中方也一直认为对话解决才是正道。美方想要继续谈判，就请摆正姿态拿出诚意来；如果痴迷于极限施压，注定会"竹篮打水一场空"。

《人民日报》（2019年05月20日　03版）

中国不会屈服于任何极限施压

钟 声

■中方一直以高度负责任的态度和最大的诚意推动中美经贸磋商，但决不会屈服于美方的极限施压，在原则问题上不会妥协。美方尤其应当选择顺势而为，与中方相向而行、共同努力，在平等协商中解决问题，在合作共赢大道上创造未来

云卷云舒，欲雨还晴，华盛顿的多变天气仿佛也是一种叙事。当地时间5月9日至10日，第十一轮中美经贸高级别磋商在一种格外困难和敏感的氛围中举行。双方迄今已在加强知识产权保护、扩大市场准入、促进双边贸易平衡等方面取得诸多实质性进展，但在中方核心关切问题上仍存在分歧。与此同时，美国新一轮对中国输美商品加征关税的战鼓擂得山响，中方明确表示不得不采取必要反制措施。

纵观多轮中美经贸磋商，人们好似听到一支交响乐，主旋律固然依稀能辨，但混响的和弦有时走了音、串了调。嘈嘈切切、云谲波诡的章节，莫非本就是经贸谈判绕不开的？回顾既往，中国加入

世界贸易组织历经15年坎坷，关贸总协定乌拉圭回合谈判持续近8年博弈，2001年起步的多哈回合谈判迟迟无法真正上路……无论哪一桩哪一件，都是艰难跋涉，都免不了满川风雨。当前，中美经贸磋商走进了这个章节，能不能很快走出困局，整个世界都在看。

中方一直以高度负责任的态度和最大的诚意推动中美经贸磋商，但决不会屈服于美方的极限施压，在原则问题上不会妥协。中方明确要求取消全部加征关税，使双边贸易恢复正常；明确要求贸易采购数字应当符合实际；明确要求文本平衡性，表达方式必须为国内民众所接受，不损害国家主权和尊严。

发起贸易摩擦，美方打出的借口是追求公平贸易。但是，美方在谈判过程中荒谬地过滤掉一个公理，即公平贸易应该是"双向公平"的，没有共赢就没有公平。中美双方各自都有核心关切，核心利益绝无可能让渡。人们不应忘记，关于中国加入世界贸易组织的中美双边协议是长达13年谈判的成果，当年双方举杯庆贺时曾反复强调那个决定成功的黄金法则——着眼共赢。互利共赢，互谅互让，求同存异，以诚相见，这些都是被历史检验过的、引导谈判成功的原则性要素。令人遗憾的是，美方现在还拿不起共赢这把金钥匙，走不出自设的"公平贸易"烦恼。美方选择一边倒地极限施压，到头来只能是错过解决问题的良机。

世界进入到了一个什么时代，中国展示出了怎样的上升大势？美国大搞贸易摩擦究竟意味着自弃了多少市场机遇？对于这些问题的答案，美方大约还没顾上细想。美方由于对中国实力、中国能力、中国意志的误判，又挥起关税大棒，进一步升级两国贸易摩擦，是要把中美经贸关系逼到破裂的十字路口上吗？

美方不计后果的冒险，首先在其国内引发强烈反对声音：美国大豆协会、美国服装和鞋类协会、美国消费者技术协会、美国零售联合会……美国各界纷纷谴责这是在扰乱市场,伤害美国消费者、产业工人、农民、企业的利益,对美国经济构成严重冲击。对美方的冒进和冲动,来自国际社会的批评之声也是此起彼伏。

中方坚决反对美方加征关税,也完全做好了应对各种情况的准备。中国的淡定、从容、理性,已经引起国际社会的广泛关注。这些关注的视线,进一步探知到中国经济的底气之足——迈向高质量发展的中国经济积聚着强劲韧性,焕发着生机活力。中国的贸易伙伴遍天下,中国正在加快从贸易大国走向贸易强国,巩固外贸传统优势,培育竞争新优势,拓展外贸发展空间。中美贸易摩擦,根本挡不住中国发展的脚步。

当然,中美经贸关系的希望之窗并没有关上,也不可能关上。双方经贸团队商定继续保持沟通,顺应了人心所向。美国知名中国问题专家傅立民最近特别指出美国"各州州长一如既往地想和中国发展贸易与投资关系",呼吁真真切切去关注美国人民对中国普遍抱有的积极看法。

凡是过去,皆为序章。一年多来,中美双方经贸团队所取得的进展、所经历的波折,又为发展中美关系增添了新的思考。困难面前,中国人民常说"不畏浮云遮望眼",美国人民常讲"每一朵乌云都镶着一道银边"。放眼中美关系的大局,人们还是能够透过云雾看到希望。

合作是唯一正确选择。中美建交40年来的实践证明,中美合作是大势所趋,维护好双边关系有利于中方,有利于美方,有利于整个世界。经贸关系是中美关系的压舱石和推进器,这不是几道沟沟坎坎所能颠覆的事实。中美经贸磋商,担当着推动构建平衡、包容、共赢的中美经贸新秩序的历史使命。为了两国人民的福祉,为了国家发展的长远,双方都有责任、有义务认真对待,不是让局部的纠结困住手脚,而是坚定地本着相互尊重、平等互利的精神妥善管控分歧,找到双方都能接受的解决办法。美方尤其应当选择顺势而为,与中方相向而行、共同努力,在平等协商中解决问题,在合作共赢大道上创造未来。

《人民日报》(2019年05月11日 03版)

谁在"为赋新词强说愁"

——"美国吃亏论"可以休矣

钟 声

美国总有一些人对中美之间所谓"巨额贸易逆差"耿耿于怀，动辄将"美国每年都要输给中国5000亿美元""美国损失了数百万制造业岗位"等说辞挂在嘴边，并因此声称美国是中美贸易的受害者。一年来，这种"吃亏论"一再成为美国出尔反尔、不顾中方诚意，频繁对中方采取极限施压的所谓依据之一。

美国是世界头号经济强国，世界贸易规则的制定者。如果说美国是"吃亏者"，岂不是说规则制定者制定的规则是损己利人的？倘若如此，岂不成了咄咄怪事。无论是在全球贸易还是在中美双边贸易中，美国不仅不是受害者，反而占了很大便宜。这一点，美国相关行业、消费者和经济学家心里清清楚楚。

美国巨额贸易逆差并非因中国而生，也不会因中国而终。一方面，过度消费、储蓄不足、巨额财政赤字是美国贸易逆差形成的根本原因；另一方面，美国也利用美元作为国际贸易主要支付手段和储备货币的地位，借助不断扩大的贸易逆差，通过美元回流购买美国国债获得大量廉价资本，用于高科技等领域投资，成为经济全球化的最大受益者。美国哈佛大学肯尼迪政府学院国际金融教授卡门·莱因哈特认为，美国指责那些贸易盈余的国家没有任何意义。他的看法代表了国际主流经济学家的看法。

对华贸易逆差只是表象，并不能反映美国在华商业利益的真相。世界经济早已进入全球价值链时代。从生产看，美国处于全球产业链、价值链高端，控制了专利技术、核心零部件以及研发设计、营销等高附加值环节，获利巨大。苹果手机的例子广为人知。如果将全部顺差都统计在终端产品出口国上，显然无法客观反映贸易中的价值分配。事实上，自2011年起，为显示一国在价值链中的真实获利情况，WTO和OECD就倡导从"全球制造"视角看待国际化生产，推出"贸易增加值核算"的方法。只可惜，美国一向对WTO等多边机构抱着"合则用、不合则弃"态度，哪怕再科学的方法，从中看不到为我所用之处，也不可能予以支持。

目前，美资企业在华年销售收入7000亿美元，利润超过500亿美元。这是美国企业分享了中国发展带来的机遇和成果的体现。美国物价便宜尽人皆知。多年来，当多国央行都忙于抑制通胀水平时，美国通胀水平始终维持在2%的目标值以下。正是中美贸易让质优价廉的中国商品走进美国千家万户，增加了消费者的福祉。

正如美国《时代周刊》著名撰稿人罗伯特·赖特在《非零和年代——人类命运的逻辑》一书中指出的那样，人类命运的昌盛必然要懂得从"零和"年代走向"非零和"年代。过去40年，中美贸易规模增长230多倍，如果不是共赢，而是一方受害的"零和"，怎么可能实现如此天翻地覆的变化？

中国从来都是进口大国，发展起来的中国更是向世界敞开大门，今天的中国已成为 120 多个国家和地区的最大贸易伙伴。中国从不追求贸易顺差，真诚希望扩大美国有竞争力产品的进口。美有关机构分析，如果放宽民用高技术产品对华出口限制，美对华贸易逆差可减少 35% 左右。拒绝出口自己有优势的产品，岂能怪罪于人？

对华贸易逆差造成美国制造业岗位流失，也是无知之谈。多年来，美国学术界的主流解释是：美国制造业岗位流失源于其自身经济结构调整，由于生产自动化和机器人投入增加，导致制造业生产率提高。对外贸易会造成劣势产业淘汰和转移，但更会带来优势产业扩张，从而实现产业结构升级调整。美国加州大学等学者的研究发现，与其说美国在对外贸易中损失了就业，不如说收获了更多高薪酬的就业。

这些简单的事实和逻辑早已证明，贸易逆差、制造业岗位流失根本支撑不起"吃亏论"论调。固守美国"吃亏论"，一时也许可以转移国内矛盾，但时间久了，却会让美国民众成了真正的受害者。今年 4 月，全美商业经济协会对美商业环境进行的一项调查发现，在受访的商品生产公司中，有 3/4 受到近期关税的负面影响，增加了成本，并促使其中一半公司提高了销售价格。美国消费者、农场主、企业等，成了美国挑起的贸易摩擦的受害者，而不是中国"不公平竞争行为"的受害者。

明眼人都看得出来，所谓的"吃亏论"，远非打打悲情牌、过过嘴瘾那么简单。美国"为赋新词强说愁"背后是另有名堂的。只是散布这种错误论调的人打错了算盘。中国经济具有很大的韧性和潜力，完全有能力有信心通过实行更高水平的对外开放和扩大内需，促进经济高质量发展，对冲中美经贸摩擦影响，实现中国经济行稳致远。

与事实不符、站不住脚且损人不利己的观点还要一再重复，说的人不累，听的人都累。

《人民日报》（2019年05月14日 03版）

不要陶醉于自欺欺人的"胜利"

——"加征关税有利论"可以休矣

钟 声

第十一轮中美经贸高级别磋商举行之际,美方宣布将对价值2000亿美元中国输美商品加征的关税从10%上调至25%,使中美经贸磋商进程遭到严重挫折。美方竟然还同步抛出一个"加征关税有利论"来掩饰此举对美国经济的严重冲击。殊不知,美国人民不买这账,强烈反对加征关税的声音首先从美国发出来。

"加征关税有利论",究竟是一种无知还是一种伪装?

从去年的"贸易战很好",到如今不断宣扬"中国正在向美国支付巨额关税……这些巨额税款将直接交给美国财政部""关税将为我们的国家带来更多财富,甚至超过传统类型的惊人交易。此外,这更容易和更快速""中国会大大减速,我们会自动加速"……在美方一些官员看来,加征的关税仿佛是天上掉下来的馅饼,得来全不费工夫;加征关税只会削弱对手,对自己毫发无损。有人还不断借此制造假象,好像美国经济正因加征关税而欣欣向荣。借用国际媒体的评价，这不过是美方乐于"凭空制造胜利"的又一案例。

美国国家经济研究局发表的研究论文指出，2018年美国对其贸易伙伴加征的关税以及对方国家对美国征收的报复性关税，已使美国经济损失78亿美元。关税造成美国消费者和生产商每年需承担688亿美元的成本。美国商务咨询机构"全球贸易伙伴关系"的研究报告显示，对价值2500亿美元中国输美商品征收25%的关税，以及对进口钢和铝产品加征关税，将导致美国每年减少93.4万个就业岗位。英国《金融时报》日前的报道指出，美国一意孤行要对中国输美商品征收更高关税、而不是达成协议以结束美中贸易战，令美国商界倍感失望。

美方"加征关税有利论"想象了这样一种情境：加征关税就等于从中国口袋中白拿钱，美国一些人坐收渔利。但是，事实却是另一种情境：美国进口商和零售商对关税的消化能力有限，关税增加额度必然会体现在最终消费者的支出环节。美国政府寄望于企业找到替代进口来源，但不少美国企业主对此只能耸耸肩、摊开双手：中国商品物美价廉，只能从中国采购，提高的成本只能转移到消费者身上。纽约联邦储备银行、普林斯顿大学和哥伦比亚大学的经济学家研究发现，加征关税使美国消费者和进口商去年每月损失44亿美元，美国收取的关税收入"不足以弥补购买进口商品的消费者所承受的损失"。把美国消费者口袋里的钱掏出来，就声称天上掉下来了绿花花的美钞，但美国消费者的钱包瘪了，人们岂能买账？

在当今世界上，没有谁能够随心所欲。美国要给别人强加关税，别人不可能无动于衷，必然要进行反制。加征关税给美国带来的痛是显而易见的。美国不少农民正经历"艰难的经济时刻"。美国政府去年宣布发放120亿美元农业补贴，但与生产成本上涨和出口减少造成的损失相比,不过是杯水车薪。"我们熬不过去了",不少美国农民和企业主发出这样的呼声。"10个月来,美国而不是中国,一直在为贸易战承担全部代价。"代表美国150多个零售、技术、制造业和农业贸易组织的游说团体"关税伤害美国腹地"日前发表声明指出,"提高关税只会惩罚美国的农民、企业和消费者。"但是,美国的决策者迄今仍然对这些呼声充耳不闻。

应当看到,大唱"加征关税有利论",不过是自欺欺人罢了。试图靠加征关税或威胁提高关税来解决中美贸易摩擦问题,完全是出错了牌,把宝押在关税上最终必然导致空欢喜一场。我们奉劝一句,美方如果有足够智慧来保证自身利益的话,就应当选择与中方相向而行,在相互尊重、平等互利的基础上,通过磋商解决问题。

《人民日报》(2019年05月15日 04版)

谁在"出尔",谁在"反尔"

——"中国出尔反尔论"可以休矣

钟 声

近日,第十一轮中美经贸高级别磋商进行之际,美方发布消息,把对2000亿美元中国输美商品加征的关税从10%上调至25%。美方还给中方贴上"倒退""背弃"等标签,声称"中国的承诺受到了侵蚀",指责中方"出尔反尔""削弱了美方的核心诉求"。这完全是罔顾事实。

美国编织的所谓"中国出尔反尔论"的大帽子完全是颠倒黑白。中美经贸磋商一年多来,中方一直抱着最大的诚意推动磋商,希望在平等相待、互相尊重的基础上,达成一份互利双赢的协议。即使在美方威胁加征关税的情况下,中方工作团队仍从大局出发,赴美举行第十一轮中美经贸高级别磋商,最大程度展现了中方推动谈判的诚意。

工作层面磋商就是一个交换意见、达成共识的过程,双方有不同观点是正常的,就一些问题进行反复讨论也是正常的。如果将工作层面磋商过程中的分歧和不同意见动辄贴上"出尔反尔"的标签,那还磋商干什么呢?无论哪个国家,在磋商中都是有原则的。在重大原则问题上中方决不让步,中方的核心关切问题必须得到解决。双方工作团队的磋商都是过程中的事情,双方并没有正式签订协议,何来"承诺"之说。美方在磋商中也一会儿说这个,一会儿说那个,难不成也是出尔反尔?美国的强盗逻辑是,美国说的就是你们说的,要不从就是出尔反尔,实际上就是美国说的都是"出尔",不从就是"反尔"!

言而有信、言出必行,这是中华民族始终坚守的道德准则。改革开放 40 年来,中国打开国门搞建设,全球共享了中国改革开放成果,为世界经济发展作出的贡献有目共睹。加入世贸组织十几年来,中国全面履行承诺,坚定支持多边体制,大幅降低进口关税、削减非关税壁垒,坚决反对单边主义和保护主义,向全世界充分展示了负责任发展中大国的守信形象。早在 2010 年,中国降税承诺就已全部履行完毕,关税总水平由 2001 年的 15.3% 降至 9.8%。在服务贸易领域,中国开放承诺到 2007 年就已全部履行完毕,目前已接近发达国家开放水平。就连美国贸易代表办公室发布的多份年度报告也不乏对中国入世的正面评价,认为中国政府认真履行了承诺。

反观美国,近两年来,作为第二次世界大战后国际经济秩序和多边体制的主要建立者和参与者,本应带头遵守多边规则,却在国际组织中频频变脸退群,其出尔反尔、言而无信的形象受到国际社会广泛诟病:当一个协议、条约、组织符合本国利益的时候,就追逐它、利用它;认为一个协议、条约、组织无助于实现美国利益最大化时,就掀桌子走人。

退出巴黎协定,退出联合国教科文组织,退出伊朗核问题全面协议，退出联合国人权理事会……在"以结果为导向"的"美国优先"政策下，美国不断从国际组织和多边协议中抽身，逃避承担其应有的责任和义务。美方出尔反尔之多，倒是让世人看到了什么是出尔反尔的真实嘴脸。

美国在国际社会上出尔反尔久矣，各国受其害也久矣。早在2001年，美国就曾宣布退出《京都议定书》，《京都议定书》的效力因此而大打折扣。世界贸易组织争端裁决的研究报告指出，美国是迄今为止世贸组织成员中最大的"不守规矩者"，世贸组织2/3的违规都是由美国引起。这两年，美国认为全世界都在占它的便宜，生生将"美国第一"变成"美国唯一"。这种只享利益、不担责任的霸道行径，换来的只能是世界各国人民的愤慨和反对。

中美经贸磋商一年多来，美方在诸多议题上出尔反尔同样已是世人皆知。去年5月29日，美方就曾推翻双方发布不打贸易战的"联合声明"，宣布对中国出口美国的价值500亿美元商品加征关税。今年5月5日，美方又重启关税威胁，使双方经贸磋商遭遇重大挫折。

美国出尔反尔，挥舞着贸易保护主义大棒、滥用征税手段、实施极限施压和讹诈的做法，严重破坏国际贸易秩序、伤害合作方利益，同样也会伤及其本国企业和国民利益。美国任性妄为，增加了未来全球经济增长的不确定性，让国际社会感到失望。在国际经贸往来中难免存在分歧，合作是唯一正确的选择。没有一个国家可以单独引领世界。奉劝美方顺势而为，多做有益于世界和平与发展之事，不要再玩弄为捞取一己私利不断出尔反尔的把戏了！

《人民日报》（2019年05月16日　04版）

从来就没有什么救世主

——"美国重建中国论"可以休矣

钟 声

中国快速发展的成就,已成为我们这个时代的一个重要历史景观,国际舆论也公认这是"中国奇迹"。也正因为如此,有人要下山摘桃子了,美国一些人就大言不惭地声称"在过去25年里我们重建了中国",这种论调不仅毫无常识,而且格外离谱。这些论调出自一些美国高官嘴中,让人们对他们的常识水平产生了严重怀疑。无知是一回事,有知装无知就可怕了。

根据一些美国人的这种论调,中国通过操纵汇率"导致了中美贸易不平衡",美中贸易逆差等同于"美国送给中国的财富",中国的成功"很大程度上是由美国在中国的投资所推动的"。这种论调把中国人民几十年艰苦奋斗取得的成就一股脑算到美国头上,不仅严重背离事实,逻辑上更是荒唐至极,让世人大小牙齿都笑掉了!

"美国重建中国论"暴露了一些美国人的傲慢无知和扭曲心态,是美国一些人根深蒂固的"救世主心态"的反映。自"美国重建中国论"出笼以来，在美国国内就没多少拥趸，在国际上得来的也只是嘲讽。

美国对华贸易逆差是由中美两国比较优势和国际分工格局决定的。美国经济学家对此早有公论。中国对外贸易一向遵循市场规律，做的是公平买卖。把中美贸易顺差说成是"重建中国"的论据，逻辑上更是说不通。耶鲁大学高级研究员、摩根士丹利亚洲区前主席史蒂芬·罗奇指出，美国对全球102个国家的商品存在贸易逆差。按照这种逻辑，美国"重建"的国家岂不是占了全世界的大多数？这样自我感觉良好的"救世主心态"，恐怕只有昏了头的人才说得出来。

中美双边贸易也绝非美国向中国输送财富的"单行道"。再说美国有逆差并不是给中国白送钱，而是得到了真金白银、物美价廉的商品。美国的商人会白送钱给中国吗？恐怕永远都不要抱这种期待。德意志银行等第三方发布的研究报告认为，长期以来，美国实际上在中美双边贸易中获得了比中国更多的商业净利益。中美经贸合作本质上是互利共赢的。吃亏做买卖的事没人愿意干，长于谋取利益、顽固坚持"美国优先"的美国人更不愿意干。

没有人否认美国投资对中国经济发展的积极作用，但要因此说它是中国成长为全球第二大经济体的根本原因，则是让世人百思不得其解的逻辑。自1987年我国有外资统计以来，中国累计实际利用外资2万多亿美元，其中美国对华投资800多亿美元，仅占到4.06%。800亿美元就想"重建中国"，只能是一种天方夜谭！再有想象力的人也无法想象美国人是如何得出这一结论的！照此逻辑，美国在华投资和服务贸易所得一年就几千亿美元，是不是中国重建了美国？！

事实上，"重建中国论"出笼后，美国著名的"政治真相"网站做了"事实核查"，结论是该说法是对美中经贸关系"过于简单化"的描述。美国卡托研究所专家斯科特·林西科姆认为，这种说法仅仅反映了一个非常微小的细节，同包括美国在内的所有国家进行贸易，是中国进行市场经济改革的一部分，"改革才是其中的决定因素"。

任何国家的发展从根本上都要靠自己。中国人明白，中国这样一个拥有十几亿人口的巨大经济体，不可能指望别人的施舍和恩赐来发展。世界上恐怕也没有哪个国家有这个能力和实力来"重建中国"，这是任何一个有理智的人都懂得的道理。中国的发展，归根结底是中国人民在中国共产党领导下不断推进改革开放，靠艰苦奋斗、顽强奋斗干出来的。"掠人之美以自耀"，是不道德的。

中国不是关起门来搞建设，而是敞开大门同各国开展互利共赢合作。在发展自己的同时，中国不断加大开放的市场，不断增加的对外投资，也为包括美国在内的世界各国创造了更多机遇。耶鲁大学的经济学家认为，如果没有中国对美国政府债务和公司投资的融资，美国将无法维持房地产、国防及商业领域多年来的增长，"在一个相互联系的全球化世界，很难说谁在重建谁。"

从来就没有什么救世主。想当这个世界救世主的人，多是图一时口舌之快，最终都会以失败告终。不过，世界上总有一些人自以为是、狂妄自大，想以救世主自居，结果都会落得一场自编自导的荒诞剧，让世人掩口而笑。与其开口暴露无知，不如尊重事实，停止对中国的无端指责，正确看待中国发展，多做有利于中美经贸关系正常稳定发展的事。

《人民日报》（2019年05月17日　03版）

欲加之罪，何患无罪

——"中国强制转让技术论"可以休矣

钟 声

"中国强制转让技术"，这一论调被美方在中美经贸磋商中拿来大做文章，有关人士大放厥词，你方唱罢我登场。其实，这个论调并不新鲜，是美国一些人为了打压中国发展制造的老掉牙的论调。去年3月美方公布的所谓"301调查报告"，就蛮横地给中方企业扣上了"强制转让技术"的帽子。长期以来，美方一些人喋喋不休指责中方企业，几乎到了病态的程度。

真的是这样吗？事实给出的答案是否定的！

在国际经贸合作中，世界是个大市场，投资也好，贸易也罢，都是市场主体的自主选择。一贯精于算账的美国商人从来不会吃亏的，赔本的买卖他们是不会做的。改革开放以来，中国开放市场，很多外企包括美国企业看到了机遇，纷纷来到中国投资兴业。他们同中国企业的合作都是自愿的，都是为了追求利益最大化。美国公司在美国呆着，美国企业的技术锁在美国的办公室里，谁能强制他们到中国来？谁能强制他们同中国企业合作？科学技术成果，说到底是在人的大脑之中，就是用外科手术打开大脑也无法强制得到。如果双方能在技术上合作，必然是自愿的、自主的。在科学技术面前任何强制都是无效的，何来"强制转让技术"之说？！

这种论调不符合中国利用外资的基本事实。美方关于"强制转让技术"的论调，可谓凭空捏造。重复一千遍的谎言终究还是谎言。中国关于中外企业合作的规定中，没有哪一条是强制要求外商投资企业转让技术的政策和做法。中外企业不管是技术合作还是其他经贸合作，完全是基于自愿原则实施的契约行为。世界上就有这么一些人，同人家合作得了利了，还要倒打一耙，得了便宜还卖乖！中方一直请美方举证，哪家美国企业被要求"强制转让技术"了，中方一定严肃查处，至今美方也未举出一例。但是，美国一些人是不屑于看事实的，仍然闭塞眼睛在那里自说自话。即使不久前美国贸易代表办公室举行的关税听证会上，在中国设立合资、独资企业的多家美国公司也公开表示，并未被要求将任何技术转让给中国企业，也未被强迫将知识产权或技术转让给中国企业。

进一步讲，美国企业自主技术转让谁受益了？产品生命周期理论表明，任何一种产品都会因新技术的应用而经历一个由盛到衰的生命周期。因此，很多跨国公司都是一边开发新技术，一边向发展中国家转让部分技术，在延长旧技术获利时间的同时，为新技术研发腾出空间和要素。多年来，美国在华企业通过技术合作获得巨额回报，且不说美国在华投资企业和服务业每年赢利钵满盆满，据美国商务部经济分析局统计，仅2016年中国向美国支付的知识产权使用费就达79.6亿美元。

或许，真正刺痛一些美国人脆弱神经的，是中国与时俱增的技术研发能力和日新月异的科技创新成果。中国的航天工程、北斗计划、深海探测、高速铁路、超级计算机、5G网络等走在了世界前列，引起了举世赞叹。美国一些人老子天下第一当惯了，容不得别人超过美国。一些美国人就坐不住了，拿出了一种类似强盗的逻辑：我的是我的，你的也是我的。"你的"怎么变成"我的"，那就是"你的"是从"我的"强制转让过来的。这些人在梦呓中完成了推理，醒过来后就以为这就是事实了，还大言不惭地宣扬，真是不知羞耻为何物了！

中国历来高度重视增强自主创新能力。从2000年以来，中国全社会研发经费投入就以年均近20%的速度增长，到2017年，这项投入仅次于美国，位居全球第二。正如美国前财政部长、著名经济学家拉里·萨默斯说："你问我中国的技术进步来自哪里，它来自那些从政府对基础科学巨额投资中受益的优秀企业家，来自推崇卓越、注重科学和技术的教育制度。"中国的科技进步是靠千千万万勤劳智慧、善于创造的人民实现的！对这个事实，美国一些人偏偏视而不见、听而不闻，他们并不是视力、听力有问题，而是脑子和心态有问题，结果得出一种世人都认为是脑残式的思维方式，而且还沉迷于其中不能自拔！

科学没有国界，科学技术应该造福全人类。各国既要立足自身发展充分发掘科技创新潜力，也要敞开大门，鼓励新技术、新知识传播，让科技创新惠及更多人。这是利在人类、功在世界的大事业！

《人民日报》（2019年05月18日　03版）

香者自香，臭者自臭

——"中国技术有害论"可以休矣

钟 声

日前，美国一名有头有脸的高官，对英国向中国电信设备制造商华为公司开放部分5G网络的想法发出"警告"，污称此举可能让中国"控制未来的互联网"，并"用比特和字节来分化西方联盟"。最近，美国又执意把华为列为"不确定实体"，竭力进行打压。

一段时间以来，一些美国官员不辞辛苦，在世界各地奔忙，四处兜售"中国技术有害论"，对源自中国科技人员的所有发明创造都有一种偏执狂的敌视，不断给人扣上各种各样的屎盆子。但是，人间自有公道在，世人都知道，不论有些人怎么扣屎盆子，香者自香，臭者自臭。

抛出"中国技术有害论"，是美国一些人对中国科技发展的莫名嫉妒，也是一种政治打压的借口，兼具技术恐吓色彩和政治恐吓色彩，但政治企图是其主要动机，迟滞中国前进的步伐是其真实用心。

德国专利数据库公司IPlytics的数据显示，截至今年3月，5G

通信所需的标准必要专利申请数量中，中国占有34.02%的比例，而美国的份额仅为14%。这正是一些美国人所担心的。美国官员赤裸裸地宣称"5G是一场美国只能赢的零和军备大赛"，"要确保5G网络不被敌人掌握"，显示其已将"冷战思维"扩散到科技领域，企图用封闭小圈子捆绑世界科技发展。这是逆时代潮流而动！靠不实之词到处混淆视听、招摇撞骗，靠政治打压阻碍他国科技进步，只能让世人看清其险恶心理和狰狞面目。

2018年，中国研发人员总量预计达到418万人，居世界第一；国际科技论文总量和被引次数稳居世界第二；发明专利申请量和授权量居世界首位，科技进步贡献率提高到58.5%，国家综合创新能力列世界第十七位……这些数字记录的，是中国从世界工厂迈向世界级创新平台的脚步。这些事实所承载的，是中国人民的埋头苦干精神和创新创造能量。为什么说中国科技创新成果就是"威胁"？如果说这是"威胁"，掌握那么多尖端技术的美国，是否成了世界头号威胁？！实际上，美国从来都不吝啬用科技手段来为其政治目标服务。有人就说，美国对全世界进行监控。斯诺登揭露的真相历历在目！美国人的逻辑是，自己用科学技术干了坏事，他人也必然会干！真是以小人之心，度君子之腹！

中国以自身科技发展造福世界，收获了来自世界各国人士的真诚点赞。中国为非洲和亚洲资源贫瘠地区培育的"绿色超级稻"已在18个国家试种推广，中国科学家发现青蒿素挽救了全球数百万人的生命……面对探索浩瀚宇宙这一全人类的共同梦想，中国积极推动国际航天合作，使"嫦娥四号"任务圆满成功，开启了月球探索新篇章。中国承诺继续实施共建"一带一路"科技创新行动计划，同各方一道推进科技人文交流、共建联合实验室、科技园区合作、技术转移四大举措。中国为世界科技发展注入的是信心和机遇，中国技术为世界搭起的是发展繁荣的桥梁。世界各国人民在互利共赢的科技合作中都闻到了中国科技创新成果的沁人芬芳，也闻到了美国一些人肆意抹黑、诬陷中国科技创新成果乌烟瘴气的异臭！

新一轮科技革命和产业变革正在重构全球创新版图，发展科学技术必须具有全球视野。人为挑起"科技冷战"，试图在科技发展的广阔田野上垂下"铁幕"，阻止不了科技进步步伐。"任何建立坚固壁垒的企图都必将令人失望。过去在技术控制方面的努力已经证明，无论是决定控制哪些技术，还是执行这些决策，都是非常困难的。"美国前副国务卿詹姆斯·斯特伯格的警告，应当引起"中国技术有害论"鼓噪者的反思。唯有开放创新，才能繁荣发展。任何将全球科技合作拖入泥淖的企图，必将激起全世界爱好和平、渴望发展的国家和人民的反对。

"沉舟侧畔千帆过，病树前头万木春。"任何人企图在中国科技发展的道路上做拦路虎、绊脚石，最终只能失败，也注定是徒劳的。

《人民日报》（2019年05月19日 03版）

捕风捉影者，风必摧之

——"中国盗窃知识产权论"可以休矣

钟 声

最近，美国一些人在国际上到处哭天喊地地叫喊，"我们受到'不公平待遇'，中国获得'不公平优势'""中国'盗窃美国知识产权'"……摆出一副苦大仇深的样子。这种处心积虑炮制的"中国盗窃知识产权论"，实际上就是为了给自己大搞经贸摩擦、打压和阻遏中国发展披上"正义外衣"。

这两年，美方屡次三番在知识产权问题上大做文章，无中生有地对中国进行指责。2018年3月，美国发布对华301调查报告，声称"中国在知识产权方面存在损害美国利益的行为"。尽管和者甚寡，美方却聒噪不休。近日又有美国官员说，"中国的知识产权盗窃行为对贸易谈判构成挑战"。虽然美方调门很高、跳得很高，信誓旦旦，言之凿凿，但事实就是事实，谎言代替不了真理，"中国盗窃知识产权"之类的妄言纯属捕风捉影，谁会相信呢？

有的美国官员煞有介事地宣称，中国盗窃美国知识产权"数千亿美元"。其实对于这个数字，很多美国有识之士也嗤之以鼻。人们实在猜不透，这样的数字是如何算出来的？！只能说这是某种具有超凡数字放大功能的天才大脑臆想出来的！曾几何时，有人说过，谎言说一千遍就是真理，看来美国有的人至今仍奉此为圭臬。

这种不靠谱的数字，只有不靠谱的人才干得出来。以"301调查"为例，美国身兼当事人、警察、检察官、陪审团、法官等多重角色，单方面对其他国家知识产权状况进行评判和指责，随心所欲，添油加醋，无中生有，靠的只是凭空假设，何来公正？如果调查基于想象以及选择性数据，那就是一种科幻小说了！美方对此心知肚明，只是想给自己的无理之举找一个冠冕堂皇的托词罢了。

加强知识产权保护。这是完善产权保护制度最重要的内容，也是提高中国经济竞争力最大的激励。经过几十年不懈努力，从社会观念到法治环境，再到实际的保护力度，中国的知识产权保护都取得了飞跃式进步，成效显著，举世公认。早已从"要我保护"发展到"我要保护"。

中国已建立起一套较为完备、高标准的知识产权法律体系，不断加强知识产权司法保护，成为世界上审理知识产权案件尤其是专利案件最多的国家。2018年，中国对外知识产权付费高达358亿美元，已成为全球第四大专利进口国。前不久发生的这件事，大家可能记忆犹新：苹果与高通间的专利许可费用之争，双方先后在中国提起大量诉讼。美国企业用实际行动告诉世界，信任中国对知识产权的保护。

公道自在人心。中国的努力，正得到越来越多的认可。英国《经济学人》周刊网站刊发文章表示，中国的知识产权保护近年来得到飞速改善，中国不是知识产权的偷窃者，而是保护者。即便是2016年以前美国政府的官方报告，也积极肯定中国在知识产权保护方面取得的成绩。然而，近两年美国一些人却无视事实，来了一个基于反华中轴的大转弯，自己不断抽打自己的嘴巴，只能说他们是借保护知识产权之名，行政治打压之实。知识产权本应是各国创新合作的桥梁，在美方手中，却成了政治工具，成了遏制他国的武器，成了霸凌世界的遮羞布。

在中国改革开放过程中，不少外国企业从自身利益出发，同中国企业开展技术合作，这是市场契约行为，外国企业获得了众所周知的丰厚回报。即使知识产权保护出现问题，也完全可以通过法律途径自行解决。美方乱挥知识产权"大棒"，是对产权和信用意识的否定，对契约精神的否定，对市场规律的否定。一些美国人有个奇怪的逻辑，算算美国手中的东西值多少钱，最后就直接把这个天文数字的总和说成是被别人"盗窃"了。

事实胜于雄辩，真理走遍天下。记忆力健全的人都知道，世界上没有一个国家靠"盗窃"能实现现代化。人们不禁要问，美国是靠"盗窃"发展起来的吗？美国能靠"盗窃"发展起来吗？恐怕美国一些人是要急于否定的。一句话，中国发展成就是中国人踏踏实实干出来的。美国一些捕风捉影者，必将被强劲的东风吹下历史的舞台！

《人民日报》（2019年05月20日　03版）

不要逆历史潮流而动

——"对华文明冲突论"可以休矣

钟 声

最近,一个叫斯金纳的美国女人语出惊人,抛出了带有浓烈种族主义色彩的"对华文明冲突论"。国际社会为之惊诧。

这位美国国务院政策规划办公室主任,竟然要把美国对华关系,耸人听闻地贴上"文明冲突"的标签。美国作家马克·吐温早就为这种人做了画像:"对于一个手中只有榔头的人,他所看到的问题都是钉子。"斯金纳就是想操起"文明冲突"这把"榔头",不分青红皂白地打平一切被认为是中美关系中问题的"钉子",包括许多美国人在内的有识之士都认为,这是一种典型的种族主义逻辑。

其实,持这种奇谈怪论的人并不想掩饰他们根深蒂固的种族主义观念,说什么"这是一场与一种完全不同的文明和不同的意识形态的斗争,这是美国以前从未经历过的""当前中国的制度不是西方哲学和历史的产物""我们首次面对一个非白色人种的大国竞争对手"。这样的鼓噪声,人们并不陌生,使人们不能不想到纳粹当年对犹太民族、斯拉夫民族等的恶毒诅咒。想想当年纳粹从"雅利安人高于一切人种"的种族主义出发犯下的滔天罪行，真是让人不寒而栗！

这种把国与国关系划归到种族层面的言论，即便在美国也受到强烈质疑。《华盛顿邮报》称，这一观点经不起推敲，且缺乏实证支持，文章认为其根据主要文明对国家进行分类，忽略了身份的多样性和偶然性。美国彭博社则评论说，"文明冲突论"在美国外交政策中没有容身之地，且这种冲突模式无助于美国赢得竞争。美国《外交政策》的评论对此一针见血："这展现出新的美国治国术中种族主义和危险的一面。"

据说这位名叫斯金纳的女人本人是非洲裔美国人，她津津乐道谈这种种族主义的言论，喋喋不休谈白色人种，难道忘记了美国长期肆虐的种族歧视给广大黑人带来的深重灾难吗？难道忘记了所谓"白人文明"对印第安文明、黑人文明的绞杀吗？

中华文明的一大特质就是"和"。公元前140多年，张骞带着一支和平使团从长安出发，打通了东方通往西方的道路，完成"凿空之旅"，而不是去搞什么"文明冲突"！600多年前，郑和七下西洋，率领的是当时世界最庞大的舰队，带去的是丝绸、茶叶和瓷器，而不是什么"文明冲突"！通过古丝绸之路的交流，古希腊文明、古罗马文明、古印度文明相继进入中国，与中华文明融合共生。在中国人"和"的文化观念中，体现于宇宙观，讲求"天人合一"；体现于对外交往，讲求"协和万邦"；体现于社会生活，讲求"和衷共济"；体现于人际关系，讲求"和为贵"；体现于生态系统，讲求"和实生物"。这样的特质，决定了中华文明有着海纳百川、包容并蓄的胸襟。这一"和"的文化特质，纵贯古今，影响至深，成为中华民族的文化秉性。正如习近平主席所指出的："爱好和平的思想深深嵌入了中华民族的精神世界，今天依然是中国处理国际关系的基本理念。"

斯金纳们这种以人种来确定文明、以文明来确定国家冲突的逻辑是十分危险的。林肯早就说过："美国人民是一个不受种族限制的人民。"到了21世纪的今天，在口口声声"秉持自由平等"、为废除奴隶制和解放黑人奴隶付出巨大代价的美国，怎么会出现这种"白人至上"的种族主义极端言论？很值得人们深思。

斯金纳们的种族主义言论的危险性在于，既然说"文明冲突"基于人种的不同，那解决的办法只有一条，就是灭绝他们所不喜欢的种族。因为有一个种族存在，一个民族存在，就有一种文明存在。难道美国人是要灭绝他们不喜欢的种族、民族和基于这个种族、民族历史演化而产生的文明吗？全世界善良的人们要高度警惕了，决不能让这种逆历史潮流而动的种族主义言论泛滥开来！

世界是多样的，人类文明是多彩的，没有分歧就没有世界。中美两国各具特色，历史、文化、社会制度、民众诉求等不尽相同，双方存在一些分歧在所难免。有了分歧并不可怕，关键是不要把分歧当成采取对抗态度的理由，而要坚持相互尊重，致力于平等协商，找到双方都可接受的解决办法。

各种文明应该交流互鉴、取长补短、美美与共。把国与国之间的问题上升到文明层面，把不同文明降低到人种范畴，不仅于事无补，而且有百害而无一利。对那些热衷于种族主义的斯金纳们，人们必须大喝一声，悬崖勒马吧！不要冒天下之大不韪，再执迷不悟、一意孤行，前面就是万丈深渊！

《人民日报》（2019年05月21日　03版）

轻舟已过万重山

——"中国退步论"可以休矣

钟 声

最近一段时间,中美经贸磋商尚未达成任何协议,美方就一再给中方乱扣帽子,指责中方"倒退"、"背弃"、在一些已达成共识的问题上立场出现"倒退"。美方用这样的伎俩一边混淆视听,一边挥舞大棒,实质是霸凌主义的又一次表演。

众所周知,磋商本是交换意见、缩小分歧、谋求共识、解决问题的过程。磋商过程中双方有不同观点是正常的,双方正式达成协议前有变化也是正常的。现在磋商还未结束、协议尚未签署,何谈什么"倒退"与"背弃"?尊重谈判伙伴,这是国际谈判的规则。只要中方提出自己的关切,美方就盛气凌人地指责中方,美方真是无礼到了极点!美方此举还有端不到桌面上的盘算,那就是为美方极限施压寻找借口。

究竟是哪一方翻手为云、覆手为雨?事实不辩自明。

去年12月1日,中美两国元首阿根廷会晤期间达成共识,停止加征新的关税,并要求两国工作团队加紧磋商,朝着取消所有加征关税的方向,达成互利双赢的具体协议。此后,双方磋商团队往来于大洋两岸,让世界看到了中方解决经贸问题的诚意。在不久前的第十轮磋商中,美国财政部长姆努钦还表示贸易磋商"富有成效"。然而,话音未落,美方就指责中方"倒退"、"背弃",单方面宣布加征关税,完全背离两国之前达成的共识,使中美经贸磋商严重受挫。这是谁在"倒退"、"背弃",明白人一眼就看得真真切切。

从中美经贸磋商的进程看,把车开得歪歪扭扭、倒来倒去的是美方,美方反复无常已经成了常态。美方一会儿说"与中方的磋商进行得非常顺利",一会儿又指责中方在贸易磋商中"毁约";一会儿坚称要与中方"达成一份非常全面的重大协议",一会儿又宣布"非常乐意提高中方输美商品的关税税率"。不仅是言论上口是心非,行动上更是前后矛盾,前脚派出工作团队到中国磋商,后脚就挥起关税大棒破坏磋商进程。

正是美方的反复无常、朝三暮四,让中美经贸磋商跌宕起伏。去年5月19日,中美双方曾经达成重要共识,并且发表了联合声明,但5月29日美方就单方面"倒退"、"背弃",撕毁协议,背弃共识;去年6月初双方曾就能源和农业领域的具体合作达成共识,6月15日美方又一次"倒退"、"背弃"……美国人的脸,一天一个样,让世人直叹跟不上节奏。

在国际事务中强词夺理,对他国随意指责、横加干涉,动不动就翻脸,时不时就变脸,是美国一贯的做派,有时甚至到了荒诞不经的地步。这一次,美方故伎重演,煞有介事地抛出所谓的"中国退步论",终将自捆脸皮、贻笑大方。

中方一直抱着最大的诚意推动经贸磋商,希望在平等相待、互相尊重的基础上,达成一份互利双赢的协议。尽管美方加征关税行为使第十一轮磋商进程遭到严重挫折,中方磋商团队依然前往华盛顿,中方推动磋商的诚意有目共睹。

事实上,中国历来"言必信、行必果",得到国际社会广泛认可。去年以来,中国扩大开放的一系列措施正在加速落地:大幅下调汽车、化妆品等进口关税;审议出台外商投资法;放宽市场准入,一般制造业已基本实现对外资全部开放……

不仅说到做到,还将做得更好!第二届"一带一路"国际合作高峰论坛上,习近平主席宣布的一系列重大改革开放措施,在世界范围引发热烈反响。世人看到的是,中国改革开放正在满怀信心地高歌猛进。

中国是有原则、有底线的。任何时候任何情况下,中国都将坚决捍卫国家核心利益和人民根本利益,坚决维护国家和民族尊严。如果把中方坚持原则、拒绝损害说成是"倒退"、"背弃",那只能是强盗逻辑。在重大原则问题上,中方从来没有让步,何来"倒退"、"背弃"之说!自己想象自己取得了"进步",遭到拒绝后就诬称中方"倒退"、"背弃",想要损害中国的核心利益和重大原则,只能是一厢情愿。中国人民过去没有、今天不会、将来更不可能拿原则问题和核心利益作交换。指望着中国吞下损害自身核心利益的苦果,指望中国在重大原则问题上让步,注定只能是竹篮打水一场空!

人无信不立,国无信则衰!为了在经贸磋商中捞到更大好处,美国罔顾事实、乱扣帽子、极限施压,严重透支了其国际信用,既无助于问题的解决,更抹黑不了中国的国际形象。中国改革开放的步伐永远向前,中国推动构建人类命运共同体的努力永远向前,绝不是一些人一声"倒退"、"背弃"就能抹杀得了的!正所谓"两岸猿声啼不住,轻舟已过万重山"。

《人民日报》(2019年05月22日 03版)

磋商严重受挫，责任完全在美方

钟 声

中美经贸磋商开启以来，中方坦坦荡荡、开明包容、高度负责，6月2日郑重发布《关于中美经贸磋商的中方立场》白皮书，即为明证。这份白皮书以大约8300字篇幅，系统梳理和介绍中美经贸摩擦的来龙去脉和两国经贸磋商的基本情况，阐明中国政府关于中美经贸磋商的原则立场，严正指出中美经贸磋商严重受挫，责任完全在美国政府。这是继2018年9月中方发布《关于中美经贸摩擦的事实与中方立场》白皮书以来，中国政府第二次就中美经贸问题发表白皮书。中国的立场和决心，一以贯之，正大光明。

观察中美双方在经贸问题上秉持的态度、采取的行为，人们看到的是国家信誉、道义担当上的明显区别。美国挑起对华经贸摩擦损害两国和全球利益，美国在中美经贸磋商中出尔反尔、不讲诚信，而中国始终坚持平等、互利、诚信的磋商立场。

中美经贸摩擦背后"始作俑者"的真实形象已经清晰得不能再清晰了。美方奉行"美国优先"政策，对外采取一系列单边主义和保护主义措施，动辄使用关税"大棒"，将自身利益诉求强加于他国。

那些标着"201""232""301"号牌的一系列单边调查，对包括中国在内的各主要贸易伙伴频频出手，搅乱全球经贸格局。美国无视中美经济结构、发展阶段特点和国际产业分工现实，坚持认为中国采取不公平、不对等的贸易政策，把美国对华贸易逆差当作"吃亏"，并采取单边加征关税措施。但种种事实表明，以为凭借霸权主义就能让美国"再次伟大"，不仅是严重误判，而且是对世界和平发展的严重威胁。

白皮书给出这样一组数据：受中美经贸摩擦影响，美国对华出口连续8个月下降；2018年中国企业对美直接投资57.9亿美元，同比下降10%；2019年及未来4年美国国内生产总值将可能每年减少640亿至910亿美元，约占美国国内生产总值总额的0.3%—0.5%；如美国对所有中国输美商品加征25%的关税，美国国内生产总值将减少1.01%，就业岗位将减少216万个，一个四口之家每年支出将增加2294美元……这才是美国"吃亏"的事实！美国一些政客一味挑事找"亏"吃，还要把世界经济"拖下水"——世界贸易组织将2019年全球贸易增长速度由3.7%下调至2.6%，世界银行、国际货币基金组织等国际组织纷纷调低2019年世界经济增长预期。

经济全球化时代，中美两国经济高度融合，共同构成了完整的产业链。可惜的是，原本连骨带筋、互利共赢的两国经济，被当前美方愚蠢、扭曲的经贸政策折磨着，让世界经济的天空也布满阴云。

究竟谁在出尔反尔、不讲诚信？要让真正的事实来回答。一段时间以来，美国一些政客围绕中美经贸磋商闪烁其词，一会儿是很快要达成协议，一会儿又说达成协议可能有困难，竟然还无端指责中国立场"倒退"。中方发布的白皮书明确点出美方三次出尔反尔、违背共识的行为：美方以不实指责为由宣称对从中国进口的价值500亿美元商品加征25%关税；在中美发布联合声明仅10天后就推翻磋商共识，美方继续推进加征关税计划，导致两国间的经贸摩擦快速升级；在两国已就大部分问题达成一致的阶段，美方得寸进尺，坚持不合理的高要价，坚持不取消经贸摩擦以来加征的全部关税，坚持在协议中写入涉及中国主权事务的强制性要求，并进一步对中国输美商品加征关税。美国霸凌主义态度和极限施压手段暴露无遗，信守公道正义的中国岂能屈服！中方一再正告美方，合则两利，斗则俱伤，合作是双方唯一正确的选择；对于两国经贸分歧和摩擦，中国愿意采取合作的方式加以解决，推动达成互利双赢的协议。

历史和现实一再证明，奉行霸权主义的注定是孤家寡人。美方一意孤行的做法，已招致全世界批评。"我们比以往任何时候都需要多边而非单边思考和行动""如今的美国对国际秩序毫无敬意""违反世界贸易组织规则，损害多边贸易体制，注定不得人心""阻止中国的发展对美国和整个世界来说可能是灾难性的""中美关系若持续紧张和不明朗，即便最后没有发生严重冲突，也将对全球带来巨大破坏"……直言不讳的警告来自欧洲、亚洲以至世界各地，迫切渴望维护世界和平与繁荣的世界各国人民的心都揪得很紧。

中国一向是讲道义、勇担当的国家，捍卫国家尊严和人民利益的同时，也为世界各国实现互利共赢创造一切可能。白皮书再一次向世界宣明，中国政府始终认为，以贸易战相威胁，不断加征关税的做法无益于经贸问题的解决。中美应秉持相互尊重、平等互利的精神，本着善意和诚信，通过磋商解决问题，缩小分歧，扩大共同利益，共同维护全球经济稳定和发展。

互利共赢前景，是可以拥有、也应当拥有的。在中美经贸磋商总的方向上，不是要向后看，而是要向前看。毫无疑问，双方只有相向而行，共同推进以协调、合作、稳定为基调的中美关系，才能顺应世界各国期待，增进中美两国和世界人民福祉。

《人民日报》（2019年06月03日　03版）

| 国际论坛 |

诿过于人不如反观自照

向 一

"把注意力放在'替罪羊'身上显然比反观自照来得容易得多。"最近,美国耶鲁大学杰克逊全球事务研究所高级研究员斯蒂芬·罗奇在一篇文章中指出,美国一些政客批评中国完全是基于错误叙事,这些人所作所为与其说是对真实外部威胁的反应,不如说是国内问题的产物,华盛顿在事实、分析和结论方面都十分轻率。

早在2016年,美国《外交》杂志就曾刊文指出,贸易只是"替罪羊",美方患上"贸易焦虑症"的根本原因在于"国内机会消失和社会流动性问题""美国低技能的先辈通往中产阶层的梯子已断"。"他们不去尝试解决美国国内和社会经济政策的实际问题,而是试图找到敌人并在这场政治游戏中获胜。"在俄罗斯经济发展部部长奥列什金看来,美方挑起贸易争端,是为了在国外寻找敌人,而实际上真正的敌人在国内,是经济政策长期的结构性问题。

事实最具说服力。美国政府认为他国通过"不公平贸易"抢夺了本国就业岗位，作为美国贸易逆差最大来源国，中国成了主要被指责对象。事实上，根据联合国数据，2001—2017 年，中美贸易额增长了 4.4 倍，但美国失业率从 5.7% 下降到 4.1%。尤其是 2009 年以来，美国从中国进口快速增长，同期美国失业率反而呈现出持续下降的态势，美国政府指责的货物进口和失业率之间的替代关系并不存在。2017 年美国国会研究中心报告显示，2010—2015 年，尽管美国制造业从中国进口整体增加 32.4%，相关工作机会反而增加了 6.8%。

正如斯蒂芬·罗奇所言，"受困于自身造成的宏观经济失衡并担心自己失去全球领导地位，这带来了一个缺乏自信的美国"。近年来，美国接连发布《国家安全战略报告》《国防战略报告》《中国军事与安全发展报告》等，无不剑指中国，将中国列为"战略竞争对手"。这种思维背后反映的正是美国的战略焦虑。近期，美方动用国家力量对华为等中国科技企业进行无端打压，同时大幅放缓对国内半导体公司聘用中国籍员工担任高级工程职位的审批。过去进行审批仅需要几周时间，而如今常常要等 6 至 8 个月。一方面霸凌主义十足，另一方面将内心的没底气与不自信展现得淋漓尽致。如今的美国，热衷于寻找"假想敌"，连美国舆论都哀叹这种做法无济于事。

通过指责他国转移国内矛盾，无异于自己生病却让别人吃药。如此荒诞的行为非但无法治疗自身病症，反而让美国成为国际社会十足的"麻烦制造者"。德国《明镜》周刊网站近日发表题为《大棒的终结》的文章指出，在对华贸易争端中，美国领导人没有给美国创造新的就业岗位，而是给全球经济造成越来越大的负担。经合组织近期下调了对全球经济增速的预期，认为贸易紧张局势已对全球经济增长造成拖累，而且将继续威胁投资和增长。

天下岂有让别国为自身问题埋单之理？美方与其诿过于人，不如反观自照。美方的一意孤行，只是在自毁信誉、自绝后路。

《人民日报》（2019年05月27日 03版）

国际论坛

美方不要低估中方反制能力

五月荷

"不愿打,不怕打,不得不打"!面对美国挑起对华经贸摩擦,中国政府始终坚持原则立场。美方一次又一次宣布加征关税,中国一次又一次不得不采取反制措施。

全世界都看到,美方手段一步步加码,不仅上调关税,而且试图用尽蛮力扭曲全球供应链,"剥夺"牵系中国企业生存的技术产品供应,其霸道行径令全球哗然。美国决策圈的一些人眼中只有自己——自己的利益,自以为全能的本领,狂傲得不可一世。为了一己之私,他们在全球供应链上呼风唤雨,臆想着"伟大而优先"的他们可以左右一切。然而,只要是学过牛顿定律的人都懂得,作用力与反作用力总是相伴相生,而且大小相等。

随着美国一些政客不停发出极限施压的叫嚣,人们愈加关心中国会拿出哪些"王牌"作为回应。国外不少媒体的目光投向稀土,有分析认为"中国对稀土市场的主导地位,已赋予北京还击之道"。

中国是世界第一稀土生产大国,也是世界最大的稀土材料供应国，而很多发达国家是稀土需求大国。加强稀土资源的开发利用，对中国和整个世界经济发展都具有积极意义。中国一直秉持开放、协同、共享的方针推动稀土产业发展。中国坚持稀土资源优先服务国内需要的原则，愿意满足世界各国对于稀土资源的正当需求，乐见本国稀土资源及稀土产品被用于制造各类先进产品，更好满足世界各国人民对美好生活的需要。

稀土是否会成为中国反制美方无端打压的反制武器？答案并不玄奥。这是产业分工高度全球化的时代，没有协同合作就没有发展进步。稀土元素被誉为现代工业的"维生素"，在冶金、石化、光学、激光、储氢、显示面板、磁性材料等现代工业领域均有广泛应用。随着世界科技革命和产业变革不断进步，稀土元素的战略价值和重要意义日益凸显。全球市场上，稀土新材料的消费量迅速增长，无论军事还是民用，大量产业的发展都离不开稀土资源，其中美国企业对稀土氧化物产品的需求尤其旺盛。当前，美方一些人的确在幻想"资源自立"，但美国对全球供应链的深度依赖是不争的现实。来自稀土产业的美国企业界人士最近颇为不安地对媒体表示："我们落后很多，我们什么进展也没有。"国际市场研究机构的数据显示，美国是中国稀土的主要买家。事实上，美国生产的消费性电子产品、军事装备和其他许多产品，都高度依赖中国稀土资源。

毫无疑问，美方想利用中国出口的稀土所制造的产品，反用于遏制打压中国的发展，中国人民决不会答应。当前美方完全高估了自己操纵全球供应链的能力，在自我沉醉的空欢喜中无力自知，但其清醒后注定要自打嘴巴。中国有关部门已经多次发表严正声明，中美两国产业链高度融合，互补性极强，正所谓合则两利、斗则俱伤，贸易战没有赢家。奉劝美方不要低估中方维护自身发展权益的能力，勿谓言之不预！

　　知者不惑，仁者不忧，勇者不惧。在同世界各国扩大共同利益基础上携手发展，才可能拥抱持久繁荣，共赢的未来才值得拥有。

《人民日报》（2019年05月29日　03版）

国际论坛

站在公道正义一边　坚决反制霸道行径

五月荷

6月1日来了。中国政府从这一天开始对价值约600亿美元的美国商品提高关税,作为对美国将2000亿美元中国输美商品关税提高到25%举动的反击。这叫言出必行!

另一个"重磅"信息也传遍世界:根据相关法律法规,中国将建立"不可靠实体清单"制度。对不遵守市场规则、背离契约精神、出于非商业目的对中国企业实施封锁或断供,严重损害中国企业正当权益的外国企业、组织或个人,将列入"不可靠实体清单"。

来而不往非礼也。针对美方不断将中国高技术企业列入出口管制"实体名单",破坏中国产业链、供应链安全,中方当然不得不果断采取行动。根据中国《对外贸易法》的明确规定,任何国家或者地区在贸易方面对中国采取歧视性的禁止、限制或者其他类似措施,中方都可对其采取相应措施。中国《反垄断法》《国家安全法》也为中方反击美方制裁提供了法律支持。显然,中国即将建立"不可靠实体清单"制度,有力反击美方霸道行径,这叫于法有据!

回顾迄今举行的 11 轮中美经贸高级别磋商，世人可以发现正是由于美方出尔反尔、极限施压，导致磋商进程遇挫。中国讲原则、守底线，不卑不亢、不矜不盈、不屈不挠，冷静应对来自美国发起的一轮又一轮攻势，挺得起腰杆，站得稳脚跟。当初美方表示愿意谈，中国拿出了最大诚意，认认真真投入磋商；如今美方闹着要打，中方从从容容应对，理智实施不得不采取的反制行动。

公道自在人心。美方一而再、再而三采取单边主义和保护主义行径，不计后果、横行霸道地蛮干，搅得世界不得安宁。国际社会普遍认为，中方所采取的应对措施，既是在维护自身的正当合法权益，也是在维护多边主义和全球自由贸易体制。

中国始终选择站在公道正义一边，顺应时代潮流。中国的发展壮大，是和平的福音、繁荣的机遇，而不是冲突的威胁，这早已是国际共识。马来西亚总理马哈蒂尔日前在东京演讲时公开告诫美方，不要期待自己总是处于科技领先的地位，各国需要通过对话的方式同强大的中国打交道；具有不同意识形态的国家必须和谐相处，美中之间的冲突只会导致"更大的破坏"。

的确，如果美方执迷不悟，他们就只能首先迎来"更大的破坏"。美国媒体日前报道称，美国贸易政策已经把美国农民逼到"命悬一线"的境地。美国一些政客翻云覆雨的"政策折腾"正逼着华尔街哭泣，经贸摩擦升级所驱动的利空信息，令美国股市市值近来已蒸发1万多亿美元。美国学者对 1996 至 2014 年间 151 个国家（包括 34 个发达国家）发生的贸易冲突进行研究，得出的结论是贸易保护主义对发达国家的冲击通常更大，美方一些政客想象中国将在贸易争端中损失更大，完全属于站不住脚的认知。

国际交往中，战略误判是一大忌。对美国而言，当前真正危险的并不是什么贸易逆差问题,而是认知赤字问题。美国一些政客该睁睁眼睛了,世界并不是他们脑子里的那个世界,中国更不是他们可以轻视的国家。

人们无法预期美国一些政客将继续朝错误的方向走多远,但可以明确的是,即便不得不"战",中方也有足够的底气和实力、有坚定的决心和意志奉陪到底。胜利,终将属于公道正义的一方。

《人民日报》(2019年06月01日 02版)

国际论坛

科学不是自私自利的享乐

五月荷

中国教育部6月3日发布的2019年第1号留学预警颇不寻常,折射了当前中美贸易摩擦背景下,两国教育交流合作日趋复杂的形势。

"一段时间以来,中方部分赴美留学人员的签证受到限制,出现签证审查周期延长、有效期缩短以及拒签率上升的情况,对中方留学人员正常赴美学习或在美顺利完成学业造成影响。"这段文字讲述的情况,是很多亲历者的人生挫折,甚至是一些学子难以言表的痛楚。正因为如此,中国教育部提醒广大学生学者出国留学前加强风险评估,增强防范意识,做好相应准备。

美国一些政客在贸易逆差问题上振振有词早就不是什么新鲜事,但为何会把火烧到中国学生学者身上?看看美方的借口,着实令人不齿。美国国会和联邦政府部门将部分正常中美教育交流合作活动政治化,冠以"中国威胁""中国渗透"之名进行打压,污蔑孔子学院为中国在美国扩张政治影响、进行价值传播的工具,诬陷中国学生学者在美国开展"非传统间谍"活动并对他们进行无端滋扰。

何谓"非传统间谍"？美国联邦调查局负责人曾荒谬地公开声称中方"对美国倾举国之力，不仅派出传统间谍，还派出商业间谍，通过人力和网络等方式，收集各种传统和非传统情报"，甚至把中国定义为美国面临的"最广泛、最具挑战性、最严重的威胁"。美方给自己设置了一项"非常艰巨的任务"：防止中国"从农业到高技术，从研发部门到学术界"对美国构成的"长期威胁"。或许好莱坞谍战电影是其最爱，以至于他们在现实中凭空编撰离奇情节，见谁都可疑，甚至用"有罪推定"思维看待中国学生学者。问题是，公平何在？！

世上本无事，庸人自扰之。美国一些政客仿佛已下定决心要把自己变成搅扰世界的机器。数据显示，2018年中国公派赴美留学10313人，其中因签证问题无法按原计划赴美331人，占计划派出人数的3.2%；2019年1月至3月，中国计划公派赴美留学1353人，182人因签证问题未能成行，占计划派出人数的13.5%。2018年以来，美方以反间谍为由吊销或重新审查中国赴美人员签证，从自然科学领域向社会科学领域扩散，近期美方取消了一批中国从事中美关系研究学者赴美十年签证。

中国学生学者对美国真的构成安全威胁吗？答案当然是否定的，美国人民最清楚。有目共睹，中国重视扩大教育开放，基于同合作方的共同意愿和相互尊重，同包括美国在内的各国加强教育交流。自信开放的中国学生同所有友好国家的青年一起交流、学习、创造，为推动人类的文明和科技发展共同作出贡献。

事实上，阻拦中国学生学者的美国那些人心里揣着另一本账，就是怕中国人掌握先进技术，怕中国走到前面去。但不得不说，他们的视野太过狭窄。世界如此之大，新技术浪潮奔涌不息，且到处都有新技术交流和学习，互通有无，彼此启发，共同进步。美国一些人的心虚之举是徒劳的,他们拼命想遏制中国5G技术发展,殊不知中国5G已经走到前面,他们现在还追不上!

中方发出留学预警,实属不得不采取的行动。美方种种"设卡"行动,对在美中国留学生的尊严造成伤害,也严重伤害了中国人民的感情。教育交流合作是中美关系的重要组成部分,中国是美国最大的国际学生生源国。仅2017学年,中国留学生就为美国带去近139亿美元的经济收入。如果中国赴美留学生人数出现断崖式下降,对美国教育产业肯定会形成冲击波。美国教育学术界对此深感不安,哈佛大学、耶鲁大学、斯坦福大学、加州大学伯克利分校、莱斯大学等在内的多所美国著名高校校长近来纷纷发声,表达对包括中国学生在内的国际学生和学者的欢迎和支持。

"科学绝不是一种自私自利的享乐,有幸能够致力于科学研究的人,首先应该拿自己的学识为人类服务。"这是为教者、求学者理当共同遵循的理念。经济全球化时代,知识和技术的全球流动是大势所趋,懂得交流互鉴,才有进步空间。美国那些政客的小动作违背民意,只会受到唾弃。

《人民日报》(2019年06月04日 02版)

国际论坛

和气致祥　乖气致异

五月荷

旅者多感怀，盼美好环境，留下"步步寻往迹，有处特依依"的珍贵记忆。可是，对于近期赴美国旅行的中国公民而言，不少记忆中平添了烦恼和不安。

中国公民近期入境美国时或在美国境内，不时遇到被美方执法机构盘查骚扰的情况。美国执法机构甚至还采取上门约谈等方式，骚扰赴美中国公民。此外，美国社会极端化行为增多、治安形势堪忧，也使中国公民赴美旅行面对威胁因素。显然，美方的无端骚扰和美国社会的不安定因素，让人们在放松心情、拓宽眼界的旅行中收获美意这一基本期许打了折扣。

中方已多次向美方表达关切，希望美方采取更加积极的措施，使两国人员往来更便利，进而为两国各领域交流合作创造更好条件。6月4日，中国外交部发布赴美安全提醒，提醒赴美中国公民和在美中资机构提高安全意识，注意加强防范，并提示遇到紧急情况与中国驻美国使领馆联系求助。同日，中国文化和旅游部发布中国游客赴美旅游安全提醒，指出了美国近期枪击、抢劫、盗窃案件频发的问题，提醒中国游客充分评估赴美旅游风险，及时了解旅游目的地治安、法律法规等信息，切实提高安全防范意识，确保平安。

"和气致祥，乖气致异。"保持人员往来与人文交往是促进中美各领域交流与合作的基础。中美开展人文交流与合作符合双方共同利益，符合两国人民的共同愿望。但遗憾的是，当前中美经贸摩擦升级、美国一些政客试图强硬打压中国甚至全面遏制中国发展的举动，给中美之间各领域交流都增添了不确定性，甚至不可预测的风险因素。

和气方能生财。美国商务部数据显示，2017年中国游客为美国航空公司、酒店和旅游运营商带去320亿美元收入，是美国对华飞机销售总额的两倍。但在美方挑起经贸摩擦后，情况发生了变化。据美国媒体观察，去年中国国庆黄金周期间，以美国为目的地的中国航空公司机票预订量减少了42%，而通常这是中国出境游人数激增的时期。携程网2018年国庆黄金周最受中国游客欢迎的海外旅游目的地排行榜上，美国较上一年下降5位。美国国家旅游办公室最新数据显示，2018年中国赴美游客人数约300万人次，消费金额约300亿美元。不难看出，如果中美经贸摩擦进一步升级，因中国赴美游客减少而使美国旅游服务业进一步缩减收益也是势之必然。

选择哪里作为旅游目的地，取决于游客意愿、旅游企业产品设计等综合因素。安全环境、通关便利、友好氛围是游客选择旅游目的地的重要标准。得悉美国2019年迄今已发生150起严重枪击事件、美国大城市夜间不宜出行，加上通关时可能无端生出麻烦，中国公民若不是奇好"冒险"的，恐怕就不会那么期待千万里追寻到太平洋彼岸，去收获一份不美丽的回忆。

中国政府一向支持社会各界和民众同美方多走动、常来往。常言道："亲戚越走越近，朋友越走越亲。"中美民众往来越频繁，两国友好的民意基础就越坚实，务实合作就越红火。但现在，美国一些政客背离常理另搞一套，挑起贸易争端，打压中国企业，滋扰中国公民，为双方人员往来制造了太多麻烦。正如人们所看到，旅游业的经济拉动效应不仅在于航空、餐饮和酒店等服务行业，而且对相关制造业发展也具影响力。国外不少媒体报道指出，赴美中国企业高管、游客和学生数量正在减少的迹象表明，华盛顿与北京之间贸易摩擦的规模可能以不可预测和代价高昂的方式扩大。

并不算复杂的数学题摆在那里：美方小账本里求不出贸易平衡的正解，美国旅游收益的曲线却垂头丧气一路走低；如收益大幅减少，还将必然导致就业岗位流失……这真的是美方想要的结局吗？

《人民日报》（2019年06月05日　02版）

国际论坛

真相面前，美方推卸不掉责任

语 岸

中国日前发表《关于中美经贸磋商的中方立场》白皮书，以权威而翔实的数据与事实，完整准确还原了中美经贸磋商的过程。国际社会由此进一步认清美国出尔反尔、违背共识、不讲诚信的真相，但美方对此坐不住了。6月3日，美国贸易代表办公室和财政部就中方立场白皮书发表声明，污称中国"玩推卸责任的游戏""歪曲两国贸易谈判的性质和历史"。声明的字里行间，又进一步暴露了美方一贯歪曲事实、倒打一耙的真实面目。

美方一再渲染与中国"持久、不可持续的"贸易逆差，不过是说明其顽固的认知赤字。美方坚持认为多从中国买东西就意味着"吃亏"，如同说买到手里的东西价值立即归零，简直是贻笑大方。仅以美国从中国进口的原材料和中间品而论，这些进口商品被加工后就为美国制造商赚取了巨大利益，但这本账美方似乎从来不想计算。美方坚持认为加征关税就能让美国大把赚钱，更是荒谬至极，好像美国民众叫苦不迭的声音早已被美国一些政客完整屏蔽掉了。

应当看到，美国对华贸易逆差受到多种客观因素影响，是市场作用的结果。中美两国发挥各自比较优势，在双边贸易中互补互惠。大量数据显示，中美贸易丰富了美国消费者的选择，降低了生活成本，提高了美国民众特别是中低收入群体实际购买力，中国物美价廉的消费品是美国通胀率长期保持低位的重要因素之一。如果把中美双方在货物贸易、服务贸易和双向投资等方面情况加以综合考虑，就很容易看出双方是有买有卖、各取所需、惠泽彼此。至于美方所谓强制技术转移、未能保护美国知识产权等指责，也是拿不出真凭实据的臆想。很多美国经济专家都对美方不实指责中方的做法提出批评，呼吁美方不要把中国当作"替罪羊"，指出美国一些政客对中方的指责"是不客观、不诚实的"。

美方指责中方在磋商中"开倒车"，完全是无稽之谈。在磋商过程中，就文本内容及相关表述提出修改建议、做出调整，这是贸易谈判的通常做法，美国政府在过去十余轮谈判中就曾不断调整相关诉求。难道中方就不能提出修改意见吗？天底下当然没有这个道理。磋商取得进展离不开建设性，但建设性的前提是平等，绝不是慑于美方耍威风、舞大棒而作出妥协才叫建设性。国际社会都能明鉴中方实实在在的诚意，这不是喊出来的，而是用行动来证明的。

中国捍卫国家尊严和人民利益的决心坚定不移，无论美方做什么，中方都不会偏离公道正义的轨道。中方一再强调，中美双方在经贸领域的分歧和摩擦，最终需要通过对话和磋商来解决。但磋商是有原则的，需要建立在相互尊重、平等互利的基础上。如果一方不尊重另一方的主权和核心利益，想通过施压迫使另一方做出让步，以取得只对自己有利的结果，这种谈判注定不会成功。

毫无疑问，只要美方选择升级经贸摩擦，中方就会以有力的反制行动予以回击。说到底,还是白皮书上那句话:"对于贸易战,中国不愿打,不怕打,必要时不得不打,这个态度一直没变。"希望美方放弃错误做法,同中方相向而行,本着相互尊重,平等互利的精神,管控分歧,加强合作,共同维护中美经贸关系健康稳定发展。

《人民日报》(2019年06月05日　03版)

对于重大原则问题，中国决不退让

——访中国国际经济交流中心首席研究员张燕生

人民日报记者　齐志明

6月2日，国务院新闻办公室发布《关于中美经贸磋商的中方立场》白皮书，阐明了中国政府关于中美经贸磋商的原则立场。中国国际经济交流中心首席研究员张燕生认为，白皮书从中美经贸摩擦的影响、美方在磋商过程中的出尔反尔、中方对待磋商的原则立场等角度，阐述了中美经贸磋商的来龙去脉，有助于国际社会全面客观了解真相。

白皮书说，磋商中，一国的主权和尊严必须得到尊重，双方达成的协议应是平等互利的。对于重大原则问题，中国决不退让。对此，张燕生认为，美国出尔反尔、不讲诚信的举动，世界人民都看在眼里，中美经贸磋商严重受挫，责任完全在美国政府。"美国贸易霸凌主义不得人心，中国有能力应对挑战。"

张燕生认为，美国贸易霸凌主义集中表现在3个方面：在关税问题上，美国不顾中国坚决反对，在加征关税上层层加码；在采购方面，美方不顾去年底中美两国元首达成的共识,"狮子大开口"漫天要价;在文本平衡方面,美方对关涉中国主权事项指手画脚,缺少国际交往中起码的尊重。

"美国这些举动与中美元首通过磋商化解摩擦的共识相悖,与两国和世界各国人民的期待相悖,给双边经贸磋商和世界经济增长前景蒙上阴影。为捍卫自身利益,中国不得不采取反制措施。"张燕生说。

"一直以来,中国始终坚持平等、互利、诚信的磋商立场,清晰地表达了合作共赢的意愿。"张燕生说,中美经贸磋商严重受挫,说到底是美国没有达成共识与协议的意愿,只顾己方利益,不顾国与国之间的相互尊重,没有基本的信用可言,在国际道义上也是失分的。

白皮书说,希望美国同中国相向而行,本着相互尊重、平等互利的精神,管控经贸分歧,加强经贸合作,共同推进以协调、合作、稳定为基调的中美关系,增进两国和世界人民福祉。对此,张燕生表示,相互尊重就是要尊重各自的主权和核心利益;相向而行就是双方都要体现互让互谅的精神;平等互利就是双方谈判的地位是平等的,谈判的结果应该是对双方都有好处的。如果一方不尊重另一方的主权和核心利益,想通过施压迫使对方作出让步,以取得只对一方有利的结果,这种谈判是不可能成功的。

白皮书说,无论形势如何发展变化,中国都坚持做好自己的事情。通过改革开放发展壮大自己,是应对经贸摩擦的根本之道。中国将继续深化改革开放,中国的大门不会关上,只会越开越大。张燕生认为,我国抗压能力强,有信心、有能力、有底气应对一切挑战:

——中国经济潜力足,经过 40 年改革开放,全国各地发展动能充分释放,我国还有全世界数量最多的中等收入群体,我国经济依然前景广阔,潜力无限。

——中国经济韧性足，回旋余地大，我国是世界第二大经济体，拥有全世界最完备的工业体系，地大物博，有充分的回旋空间。

"未来关键依然是做好自己的事。"张燕生说，这要求我们进一步全面深化改革，大力提高新一轮高水平对外开放水平，提高国际竞争力，坚定不移走高质量发展之路；努力补好短板、强好弱项、解决发展瓶颈，尽快实现科技、金融、能源、农业的现代化，迈向全球供应链、价值链、产业链分工的高端位置。

《人民日报》（2019年06月05日　03版）

底气：
最重要的就是做好自己的事情

没有任何力量能够阻挡中国人民实现梦想的步伐

钟轩理

这段时间,美方肆意加征中国输美商品关税,致使中美贸易摩擦再度升级,使中美经贸磋商过程遭受严重挫折,给两国经贸关系乃至世界经济前景蒙上了阴影。对贸易战,中国早就表明态度,"不愿打,但也不怕打,必要时不得不打"。在民族复兴的伟大征程中,中国人民维护民族利益和国家尊严的信念高度一致、决心坚如磐石。

(一)

在长期经贸活动中,国际社会形成了一套广泛认同的规则。然而在21世纪的今天,还有人视自己有超越一切规则的"特权"。美国挑起的贸易战,就是一个活生生的例子。

——美方漫天要价,是中美贸易摩擦升级的直接原因。去年以来,中美经贸高级别磋商谈了十一轮,虽然曾经取得过重要进展,但也几经反复。究其原因,就在于美方一直出尔反尔、频频极限施压,让磋商严重受挫的责任完全在美方。

纵观十一轮中美经贸磋商，孰是孰非一目了然。去年5月，中美双方就经贸问题达成共识，在华盛顿发表联合声明，但十天之后，美方就公然违背双方共识，撕毁协议再度挑起纷争；取消全部加征关税、贸易采购要符合实际、改善文本平衡性，中方关切的这三个核心问题必须得到解决。中国过去没有、今天不会、将来更不可能拿原则作交易，指望中国吞下损害自身核心利益的苦果，注定是美国的一厢情愿和战略误判。

——美方唯我独尊，是中美贸易摩擦升级的根本原因。美国实施"美国优先"战略，奉行单边主义、贸易保护主义、贸易霸凌主义。美方口口声声说，美国对华巨大的贸易逆差"不合理"，以此作为挑起贸易战的借口。美国作为世界头号经济强国、世界金融体系的主导者、世界贸易规则的主要建立者，长期以来占据了绝对优势，从世界各国获得了巨大利益。即便如此，这依然不能使一些美国人餍足。美国打着"美国优先"的旗号，一边推行极端实用主义，在国际组织中频频变脸"退群"，成为国际社会的最大"不守规矩者"；一边不断挥舞加征关税大棒，试图实现美国"一家独大、赢者通吃"。这样的任性妄为、这样的霸凌主义，谁都不可能接受！

（二）

回顾世界贸易发展史，可以清醒看到：开放才能发展，合作方能共赢。贸易畅通带来世界经济繁荣，那种不顾世界反对挑起贸易战的做法，注定不得人心。

贸易战打不倒中国，只会让我们在磨砺中成长强大。"千磨万击还坚劲，任尔东西南北风。"贸易战对中国经济发展有影响，但总体而言影响是有限的、可控的。过去一年，我国顶住贸易战的压力，进出口总额继续增加，贸易结构持续优化。今年一季度，中国经济增速达到 6.4%。在国际货币基金组织近期发布的《世界经济展望报告》中，中国是唯一被上调今年增长预期的主要经济体。

贸易战占不了便宜，只会让美国损人不利己。"合则两利，斗则俱伤"。有实例为证，2018 年，美国农业净收入下降了 12%，大豆、猪肉、乳制品、小麦价格断崖式下跌，消费者、农场主、企业家等群体利益和全球产业链随之受损。据统计，去年以来，美国经济因对外贸易摩擦造成了 78 亿美元的损失。每年增加 688 亿美元，这是加关税给美国消费者和生产商带来的天价账单；每年减少 93.4 万个就业岗位，这将是对 2500 亿美元中国商品加征 25% 关税、对进口钢和铝产品加征关税需付出的沉重代价。

贸易战不得人心，只会让世界增加不确定因素。习近平总书记指出，"世界经济的大海，你要还是不要，都在那儿，是回避不了的。"中美经贸关系影响两国，更牵连世界。美方肆意加征关税，是自己跟自己过不去，也是跟世界过不去。美国挥舞贸易保护主义大棒，不仅会加剧全球市场波动，也会打击投资者信心，更会让市场预期进一步下挫。国际货币基金组织负责人曾用阴晴不定来形容当前世界经济状况，并将贸易问题列为全球最大的不确定因素；世界贸易组织已将 2019 年全球贸易增长预期从 3.7% 下调至 2.6%，为 3 年来最低；美国经济分析人士发出警告，一旦美方挑起全面贸易战，全球经济到 2020 年可能损失高达 4700 亿美元。这些判断绝非危言耸听！

（三）

"莫听穿林打叶声，何妨吟啸且徐行。"有着5000多年文明历史的中国，什么样的风浪没有见识过，什么样的坎坷没经历过？面对疾风骤雨，近14亿中国人民有信心、有底气。

中国的信心和底气，来自中华民族百折不挠、生生不息的奋斗精神。中华民族从有记录以来奋战千余次黄河决口，到九八抗洪、抗击非典、汶川抗震救灾等应对重大灾害的斗争；从鸦片战争、甲午海战，到抗日战争、抗美援朝等战火考验……正是一次次灾难忧患，锤炼着中华民族，推动中国社会在挫折中奋进，在逆境中前行。"中华民族是一个永不衰老的民族，一个拥有了永葆青春的秘密的民族"。这个秘密就在于，中华民族历史既浸润着灾苦带来的悲怆，更沉淀了攻坚克难的勇气，这种品格在漫长的岁月变迁中融入中华儿女的血脉里，越是困难来临越是赫然彰显、熠熠生辉。

中国的信心和底气，来自长期发展积累起来的雄厚基础和强大势能。我国经济从新中国成立之初的一穷二白，到2018年底迈过90万亿人民币的大关；70年前，我们连一辆拖拉机、一辆汽车都造不了，现在已成为世界制造业第一大国，如今我们已站在全面小康社会的门口……这是属于伟大民族的华丽转身，这是属于伟大人民的辉煌业绩。如今，中国早已融入世界经济的大海，并在融入大海中成为大海。

中国的信心和底气，来自中国经济的韧性和活力。近14亿人口的巨大市场、4亿多人的中等收入群体，全球最完整的产业体系、不断增强的科技创新能力，丰富的人力资本、丰厚的国土资源，成熟的多边贸易体制、如火如荼的一带一路建设……这些都赋予了中国经济强劲的韧性和活力。今年一季度，中国经济运行实现"开门红"。事实证明，中国经济发展的基本面没有变，支撑高质量发展的生产要素条件没有变，经济长期稳中向好的总体势头没有变。

中国的信心和底气，来自日益成熟自信的国民心态。"人不自信，谁能信之？人不自强，谁能强之？"这一年多来，美国反复无常，充分暴露其虚伪的本质。本轮经贸磋商严重受挫的消息传来，中国网民客观理性的声音占据主流，越来越多的人能够理性客观地看待世界、看待自己。既不妄自尊大，也不妄自菲薄，这种应时处变的从容不惊、狭路相逢的愈挫愈勇，让我们做好了全面应对准备——"谈，大门敞开；打，奉陪到底"。

在以习近平同志为核心的党中央坚强领导下，我们以一系列沉着有力举措，稳妥应对中美贸易摩擦，也给中国人民以无比的信心、十足的底气。党中央的坚强领导、中国特色社会主义制度的优越性、国家意志的高度统一、全国人民的紧密团结，这是我们应对贸易摩擦的最大优势和根本保证。

（四）

一个国家、一个民族要振兴，就必须在历史前进的逻辑中前进、在时代发展的潮流中发展。

什么是历史逻辑？"经济全球化的大势不可逆转，合作共赢才是人间正道。"马克思、恩格斯曾预言："各民族的原始封闭状态由于日益完善的生产方式、交往以及因交往而自然形成的不同民族之间的分工消灭得越是彻底，历史也就越是成为世界历史。"经济全球化促进了商品和资本流动、科技和文明进步、各国人民交往，为世界经济发展提供了强劲动力，是社会生产力发展的客观要求和科技进步的必然结果。

什么是时代潮流？"和平、发展、合作、共赢成为时代潮流"，"不能身体已进入21世纪，而脑袋还停留在冷战思维、零和博弈的旧时代"。今天的世界经济，早已进入你中有我、我中有你的一体化时代。二战结束以来，全球有13个经济体实现了25年以上的高速增长，其共同特征就是实行对外开放、互利共赢。中美双方均从相互经贸合作中明显获益。2015年，中美贸易为每个美国家庭平均节省850美元成本，相当于美国家庭收入的1.5%。事实证明，开放的商品、服务和资本市场有利于世界经济增长，有利于各国共同繁荣。

什么是人心所向？"各国应该推动构建公正、合理、透明的国际经贸规则体系"。正如十字路口不能没有红绿灯，国际经贸规则对于全球贸易须臾不可离。当前运行的国际经贸体系及规则，得到了世界绝大部分国家的认同和遵循，是国际贸易得以顺利开展的基石和稳定器，美国从中获得了巨大利益。正如国际人士所评价的，"美国政府破坏贸易规则，令全球经济处于不稳定的局面，是不得人心的。"

什么是大势所趋？"中美关系事关两国人民福祉，也事关世界和平、繁荣、稳定"，"合作是双方最好的选择"。中美经济深度融合，对全球经济稳定和发展举足轻重。现在，中美之间每17分钟起降一个航班，华盛顿的车厘子、蒙大拿的牛肉、阿拉斯加的海鱼等端上中国餐桌，中国的电动汽车、共享单车、电商平台也走进美国人民的日常生活。中美两国在应对气候变化、平息硝烟战火、消灭贫穷落后、维护能源资源安全、防范重大传染性疾病、打击国际恐怖主义等方面，拥有广泛共同利益、肩负重要责任。中美两国只有相向而行，抱着理性、务实的态度解决问题，才能让中美经贸交往更好造福两国人民和世界人民。

（五）

放眼中华民族伟大复兴的奋斗历程，美国挑起的贸易战，不过是中国发展进程中的一道坎儿。无论外部风云如何变幻，对中国来说，最重要的就是坚定信心、集中精力办好自己的事情。

我们要增强定力、站稳脚跟，坚定不移沿着党的十九大指引的方向矢志前行。实现既定的奋斗目标，既要有"乱云飞渡仍从容"的战略定力，又要有"不到长城非好汉"的进取精神。越是经历风浪、承受压力，我们越要保持"任凭风浪起，稳坐钓鱼船"的气概，聚精会神搞建设，一心一意谋发展。有以习近平同志为核心的党中央坚强领导，我们乘风破浪、行稳致远就有了根本保障，我们爬坡过坎、闯关夺隘就有了不竭动力。"积土而为山，积水而为海"，以更长远的眼光、更大的战略耐力，一步一个脚印走、一棒接着一棒干，党的十九大擘画的美好蓝图一定能在接续奋斗中变为现实。

我们要深化改革、补足短板，坚定不移推动经济高质量发展。压力也是前进动力。这次贸易摩擦使我们更加清醒地认识到，我们在经济结构、发展质量、核心技术等方面存在短板。当前，全面深化改革进入深水区，如期打赢三大攻坚战面临不少难啃的"硬骨头"；迈向高质量发展阶段，亟待全面推进质量变革、效率变革、动力变革；建设现代化经济体系，必须增强加快自主创新的紧迫感危机感，尽快扭转核心技术卡脖子的被动局面。我们要推动经济高质量发展、推进供给侧结构性改革，着力在"巩固、增强、提升、畅通"上下功夫、见实效。

我们要敞开大门、扩大开放，坚定不移发展更高层次的开放型经济。身处天涯比邻的"地球村"，今日中国的发展，不再是一条平静的"内河"，而是与全球经济交融激荡的"世界洋流"。"中国开放的大门不会关闭，只会越开越大。"我们共建"一带一路"打造务实合作平台，召开进博会激发消费升级潜力，建设国际贸易港形成更高水平对外开放格局。我们坚定不移推动经济全球化，支持多边贸易体制，开拓多元化国际市场，促进外贸提高质量和水平，推动构建人类命运共同体。过去40多年中国经济发展是在开放条件下取得的，未来中国经济高质量发展也必须在更加开放条件下进行。

我们要防范风险、化解挑战，坚定不移维护经济社会大局稳定。明者视于无形，聪者听于无声。当前我国经济形势总体是好的，但经济发展面临的国际环境和国内条件都在发生深刻而复杂的变化。我们必须更好统筹国内国际两个大局，统筹发展安全两件大事，既打好防范和抵御风险的有准备之战，也打好化险为夷、转危为机的战略主动战。必须平衡好稳增长和防风险的关系，下大气力解决好人民群众切身利益问题……唯有以"踏平坎坷成大道，斗罢艰险又出发"的顽强意志防范化解重大风险，才能把"沟"和"坎"化为"时"和"势"，喷薄出稳中有进、稳中向好的强大力量。

我们深知，中华民族伟大复兴，绝不是轻轻松松、敲锣打鼓就能实现的，必须付出更为艰巨、更为艰苦的努力；我们坚信，千百年来，中华民族积蓄了无比强大的能量，在这个世界上没有任何力量能够阻挡中国人民实现梦想的步伐！

《人民日报》（2019年05月17日　01版）

任何挑战都挡不住中国前进的步伐

国纪平

中美贸易摩擦再度升级。美方无视中方富有诚意的态度与行动,于华盛顿时间2019年5月10日0点01分开始,对2000亿美元中国输美商品加征的关税从10%上调至25%。中方同步发表声明,宣布不得不采取必要反制措施。

面对这个令人遗憾的情况,密切关注中美经贸高级别磋商迄今所取得进展的人们不得不发问:美方从根本上违背相互尊重、平等互利的谈判原则,难道是要将中美经贸磋商进程退回到原点吗?

中方始终认为,合作是最好选择,也是解决问题的唯一正确选择。只有切实遵循双方业已确定的原则和方向,加强沟通、聚焦合作、管控分歧,才能推动中美经贸合作和两国关系健康稳定发展。

中美经贸关系走向,不仅攸关两大经济体,也深刻影响世界。面对百年未有之大变局,经济全球化遭遇波折、不确定性加剧,人类社会走向何处?当前,美国政策制定者在"斗"的一面下了一个大赌注,让"现得利益"的浮云遮住了拨云见日的望眼,不能把握历史规律,不去认清世界大势,不想担负时代责任,给世界发展前景蒙上了阴影。

（一）

美方一次次发起贸易摩擦攻势，不仅损耗了自己的国家信誉，而且使中美经贸磋商进程受到严重干扰。

回顾中美贸易摩擦历程，2018年3月，美方单方面挑起摩擦，并在短时间内不断升级，对两国经济和全球贸易带来了不利影响。

为避免摩擦进一步升级，去年12月1日，在阿根廷布宜诺斯艾利斯举行的二十国集团领导人峰会上，中美两国元首达成重要共识：在互惠互利基础上拓展合作，在相互尊重基础上管控分歧，共同推进以协调、合作、稳定为基调的中美关系。

双方经贸团队随后进行了一系列磋商，围绕共同关心的贸易平衡、知识产权保护、双向投资等问题进行了对话，不断扩大共识、缩小分歧，在一系列具体问题上取得积极进展。中方一直坚持通过对话解决分歧，始终敞开谈判的大门，以最大的耐心和诚意积极磋商，尽最大努力寻求双方利益的最大公约数。

但是，美方不顾中方的诚意和行动，不顾平等互利原则，大搞极限施压、漫天要价，让中美贸易摩擦再次升级，让中美经贸关系蒙上阴影。

（二）

美国奉行的单边主义、霸权主义做法没有出路，给世界经济增长和全球贸易带来严重负面影响。

作为二战结束后国际经济秩序和多边贸易体制的主要建立者和参与者，美国本应肩负起应有的责任，带头遵守多边贸易规则，在世贸组织框架下通过争端解决机制妥善处理与其他成员之间的贸易摩擦，这也是美国政府曾经向国际社会作出的明确承诺。然而，本届美国政府在享受现行国际贸易体系带来的好处的同时，片面夸大自己国内问题，将国内问题国际化、经贸问题政治化，奉行极端实用主义，甚至不惜公开违反世贸规则，损害的恰恰是本国的国家形象。

美国政府骤然加征关税的做法，必然会对美国自身造成巨大伤害，这是美国社会早已形成的共识。"是我的企业，而不是中国支付了这 25% 的关税，这是在向美国消费者加征关税。"美国社交媒体上，诸如此类的反对之声不少。美国服装和鞋类协会主席里克·赫芬贝说，额外关税只会伤害美国家庭、美国工人、美国公司和美国经济。

美国农民同样遭到打击。2018 年，美国农业净收入下降了 12%，大豆、猪肉、乳制品和小麦价格遭遇断崖式下跌，利润下降的同时设备价格却在上涨。堪萨斯州比斯马克农场第四代农场主洛维·内兹尔表示，因为加征关税的缘故，农场从去年以来就在经历"艰难的经济时刻"，自己和其他农民都是贸易争端的牺牲品。谷物农场主吉姆·塔蓬称，"我们熬过了 20 世纪 70 年代和 80 年代的困难时期，却熬不过现在"，其家族在经营了近 100 年后不得不放弃他们的农场。

不仅如此，世界两个最大经济体之间的贸易摩擦引发了国际社会对全球经济增长的担忧。国际货币基金组织、世界银行等机构不久前下调了对世界经济增长的预期。国际货币基金组织总裁拉加德用"晴雨不定"来形容当前的世界经济状况，并将贸易问题列为"全球最大的不确定性因素"。世贸组织则已将 2019 年全球贸易增长预期从 3.7% 下调至 2.6%，为 3 年来最低水平。

贸易战解决不了问题，美方一意孤行的贸易保护主义行为，使美国的消费者、农场主、企业家等群体利益和全球化产业链都受到伤害。当前美国经济、政治上的压力越来越大，也很难承受贸易摩擦进一步升级的代价。国际舆论认为，美方最终只能回到谈判桌，通过平等协商真正解决问题，这才是唯一正确的选择。

（三）

中国坚持有原则的合作，坚决捍卫国家核心利益和人民根本利益。我们有信心、有决心、有能力应对风险挑战。

解决中美贸易摩擦，中方的立场始终明确——"合作是双方最好的选择。""对于双方经贸分歧和摩擦问题，我们愿意采取合作的方式加以解决，推动达成双方都能接受的协议。"

合作是有原则的，并非一味地妥协。中国决不会以牺牲别国利益为代价来发展自己，也决不放弃自己的正当发展权益。中美贸易摩擦发生一年多来，无论是宏观经济，还是企业发展，抑或是民生领域，对中国经济造成的影响总体处于可控范围。

长期向好的经济基本面，是我们应对风险挑战的根本支撑。

今年以来，面对复杂严峻的形势，中国坚定不移推动高质量发展，着力深化供给侧结构性改革，持续打好三大攻坚战，适时适度实施宏观政策逆周期调节，主要宏观经济指标保持在合理区间，市场信心明显提升，新旧动能转换加快实施。看今年开局成绩单，一季度我国国内生产总值同比增长6.4%，增速超出市场预期，连续14个季度保持在6.4%—6.8%区间。更重要的是，3月底全国城镇调查失业率为5.2%，就业形势总体稳定，发展"含金量"更高更足。

"中国不愿打贸易战，但也不怕打贸易战。"中美经贸问题对中国经济增长的影响有限。近年来，得益于巨大的市场空间和消费升级潜力，内需已成为拉动中国经济增长的主要引擎，去年消费需求对经济增长的贡献率已达76.2%。中美经贸关系波动的影响也是有限的。

一年多来，我们始终保持高度警惕，既有防范风险的先手，也有应对和化解风险挑战的高招，打出了化险为夷、转危为机的战略主动战。稳就业、稳金融、稳外贸、稳外资、稳投资、稳预期措施密集出台，扎实落地，中国经济亮出高分答卷：经济增速稳居五大经济体之首，经济总量首超90万亿元，经济结构优化升级，中国经济稳中有进的步伐铿锵有力。

中国制度的独特优势，是我们应对风险挑战的最大底气。

越是形势复杂、挑战严峻，越要发挥党中央集中统一领导的定海神针作用。越是接近实现中华民族伟大复兴的目标，我们越需要紧密团结在以习近平同志为核心的党中央周围，增强"四个意识"、坚定"四个自信"、做到"两个维护"，既增强忧患意识，未雨绸缪，精准研判、妥善应对经济领域可能出现的重大风险；又保持战略定力，锐意进取、开拓创新，沿着既定的宏伟目标不懈奋斗。

应当看到，新中国成立70年来建设、改革、发展成就，特别是党的十八大以来取得的历史性成就、发生的历史性变革，为我们妥善应对贸易摩擦奠定了坚实基础。通过改革开放发展壮大自己，集中精力办好自己的事，是应对贸易摩擦的根本之道。更应当看到，有党中央的坚强领导、有我国社会主义制度的优越性、有国家意志的高度统一、有全国人民的紧密团结和大力支持，这是我们应对贸易摩擦的最大优势和根本保证。正如习近平主席所宣示的："中国开放的大门不会关闭，只会越开越大。中国推动更高水平开放的脚步不会停滞！中国推动建设开放型世界经济的脚步不会停滞！中国推动构建人类命运共同体的脚步不会停滞！"

"纷繁世事多元应，击鼓催征稳驭舟。"在以习近平同志为核心的党中央坚强领导下，我们一定能战胜前进道路上的一切艰难险阻，任何风险挑战都不可能阻挡中国前进的步伐！

（四）

中美关系40年历经风雨，始终向前。中美之间的共同利益大于分歧，合作的需要大于摩擦，不能让矛盾分歧干扰当前的中美关系大局，不能让偏见误判左右未来的中美关系大势。

"望远能知风浪小，凌空始觉海波平。"

从历史发展看，40年来，每一次中美经贸关系的重大突破，都推动两国关系迈上一个新台阶；每一次中美关系的转圜，都离不开经贸关系的"压舱石"和"推进器"作用。今天，尽管两国各自的情况以及国际形势都发生了变化，但双方仍应保持定力，不被一时一事所惑，不为一局一域所扰。

从现实需求看，今天，中美两国成为彼此最大贸易伙伴和重要投资对象国。每17分钟起降一个航班，每天超过1.4万人往返于太平洋两岸，每年双边货物贸易额由不足25亿美元增至6300亿美元……双边经贸合作中的利益不断扩大，相互倚重日益增强，形成"你中有我、我中有你"的格局，两国人民不断加深了解、不断从中受益，这也印证"合作是中美两国唯一正确选择"的深刻道理。

平心而论，中美经贸交往规模庞大、内涵丰富、覆盖面广、涉及主体多元，产生一些矛盾分歧在所难免。但中美利益深度交融，市场优势互补，两国经贸合作本质上是互利共赢的。只有以全局综合的视角看待，从维护两国战略利益和国际秩序大局出发，才能妥善处理分歧、务实化解矛盾。

从民间交往看,两国人民的友谊始终是中美关系发展的源头活水。"乒乓外交"友好故事,在两国民间传为佳话;迪士尼乐园落户上海;麦当劳、肯德基、星巴克遍布中国城乡……40年来,中美民间交流越来越丰富,涉及经贸、法律、教育、体育等众多领域。"国之交在于民相亲",40年后的今天,只有顺应时代潮流,回应人民呼声,鼓励和支持两国各界人士开展交流与合作,才能推动中美关系行稳致远。

历史经验告诉人们,一个繁荣的中国对美国有利,一个繁荣的美国对中国也有利。中国无意改变美国,也不想取代美国;美国无法左右中国,更不可能阻遏中国的发展。中美两国如何判断彼此战略意图,将直接影响双方采取什么样的政策、发展什么样的关系。不能在这个根本问题上犯错误,否则就会一错皆错。

"宽广的太平洋有足够空间容纳中美两个大国""中美拥有广泛而重要的共同利益,中美合则两利,斗则俱伤""世界上本无'修昔底德陷阱'"……习近平主席关于中美关系的一系列重要论述,彰显了对中美关系大势的深刻把握和推动构建新型大国关系的责任担当。

站在新起点,中美两国更需增进互信、促进合作、管控分歧,共同推进以协调、合作、稳定为基调的中美关系。唯其如此,才能无愧于两国人民40年前的战略选择,才能把一个更加美好的中美关系留给子孙后代。

(五)

沿着历史发展的脉络溯源,就能看清前进的逻辑。在中国改革开放大格局中审视,贸易摩擦也是一次"压力测试",更加坚定了我们全面深化改革开放的信心和决心。

40年前,美国《时代周刊》质疑:让全球1/4的人口迅速摆脱孤立、与世界接轨,有过这样的先例吗?

40多年来,中国从"摸着石头过河"到"闯出一条新路",用改革开放这把金钥匙,打开拥抱世界的大门,实现了从赶上时代到引领时代的伟大跨越。今天,中国已是全球第二大经济体、第一大货物贸易国、第一大外汇储备国,成为120多个国家和地区的主要贸易伙伴。

中国实行全方位开放,并不依赖一个国家或一个地区,美国是中国的最大贸易伙伴国,但并不是唯一贸易伙伴。

"中国的改革开放,是二战以后人类历史上最为成功的经济改革运动。"诺贝尔经济学奖得主科斯在《变革中国》一书中得出这样的结论。

大门打开,新鲜空气能进来,风雨也会进来,各种风险挑战躲不开、绕不过。这次贸易摩擦不只是大国之间的"高手过招",也是成长过程中的一次砥砺。

这是对抗压能力的检验。改革开放40年,中国发展积累起来的强大势能,是应对冲击的坚固基础。中国是唯一拥有联合国产业分类全部工业门类的国家,近14亿人口的大市场欣欣向荣,丰富的人力资本源源不断,消费需求成为"第一引擎",基本面决定了中国经济具有很强的韧性。"中国经济是一片大海,而不是一个小池塘。""狂风骤雨可以掀翻小池塘,但不能掀翻大海。"习近平主席的话语铿锵有力、掷地有声。

这是对经济活力的检验。每一分钟,中国发生哪些变化?在湖北,下线12辆东风汽车;在河南,出口价值4.8万元的食品农产品;

在辽宁自贸试验区，新增 69 万元注册资本……"一分钟"的刻度，让人们感受到中国发展的蓬勃脉动。一切活力源自改革开放。中国企业在大步走向世界过程中，呛过水，遇到过漩涡，遇到过风浪，但在游泳中学会了游泳。今天，深化改革实招频出、力度空前，推进"放管服"改革、大规模减税降费等一系列举措，最大限度释放了 1 亿多户市场主体的创新创业创造活力。

这是对发展质量的检验。贸易摩擦也是一场冷水浴，让我们更清醒地看到结构短板。小小的芯片，竟成为中国第一大进口商品；220 多种主要工业品产量常年领先，但不少拼的仅是汗水与资源。这也给我们上了很好的一课：中国不可能买来一个现代化，也买不起一个现代化。当前，世界范围内的结构性竞赛已经启幕，抢占新一轮产业变革制高点，我们必须深化供给侧结构性改革，加快优化经济结构，推动质量变革、效率变革、动力变革，为高质量发展提供不竭动力。

从一次次挑战中走来，中国更加清醒自己从哪儿来、往哪儿去。改革开放是"必由之路""关键一招"。今天的中国，全面深化改革开放进入深水区，"改不改"的回答更加坚定，"改什么""怎么改"的路径更加明晰。直面发展中不平衡不充分问题，向改革开放要动力，"有没有"转向"好不好"正成为今日中国坚定不移的目标。

改革开放只有进行时，没有完成时。改革开放以来，我们以敢闯敢干的勇气和自我革新的担当，闯出了一条新路、好路，迎来了民族复兴的光明前景。奋进新时代、开启新征程，正如习近平总书记在改革开放 40 周年之际庄严宣告的："中国改革开放永不停步！下一个 40 年的中国，定当有让世界刮目相看的新成就！"

（六）

在更高层次"睁眼看世界"，经济全球化是不可逆转的历史大势。"让世界经济的大海退回到一个一个孤立的小湖泊、小河流，是不可能的，也是不符合历史潮流的。"

2019年4月的北京，春意盎然，这里见证又一重要历史节点。

"只要大家齐心协力、守望相助，即使相隔万水千山，也一定能够走出一条互利共赢的康庄大道。"习近平主席在第二届"一带一路"国际合作高峰论坛开幕式上的主旨演讲中提出的倡议，代表着人类共同的追求，引起国际社会强烈共鸣。39位外方领导人、150多个国家、92个国际组织、近6000位外宾参会，论坛达成的一系列合作共识、形成的一项项务实成果，折射出"一带一路"的国际影响力、道义感召力、合作吸引力。

倡议源自中国，机会属于世界。这不是私家小路，而是大家携手前进的阳光大道：在塞尔维亚，河钢集团斯梅代雷沃钢厂成为第一大出口企业，当地失业率锐降，"一座钢厂重生，幸福了一座城"；在马尔代夫，跨海大桥连通岛屿；在黑山共和国，高速公路穿越群山；在白俄罗斯，有了轿车制造业……这是"一带一路"建设的丰硕成果，也是经济全球化给各国人民带来的福祉。

什么是经济全球化？手机生产就是生动缩影。一部小小的手机，可能有美国博通的芯片、日本索尼的图像传感器、中国蓝思科技的屏幕玻璃、中国京东方的柔性屏等，全球200多家供应商的零部件漂洋过海，涌入中国深圳等地完成生产，再送到世界各地消费者手中。可以说，没有商品、资本、技术、信息等跨越疆界流动，就没有人人离不开的智能手机。

经济全球化大潮滚滚向前，但保护主义、单边主义为世界经济增长蒙上了阴影，人类又一次站在了"十字路口"。"智者顺时而谋。"当此之际，中国坚定不移奉行互利共赢的开放战略，推动建设开放型世界经济、引领经济全球化进程，为不确定的世界注入更多确定性，更向世界传递出中国信心、中国力量——中国始终是世界和平的建设者、全球发展的贡献者、国际秩序的维护者。

"条条大路通北京。"有海外媒体如是评论。东方耸起的这个"发展极"，已经走近世界舞台中央，分量越来越重。中国经济对世界经济增长的贡献率连续多年在30%以上，是世界经济增长的主要稳定器和动力源。未来，中国的发展也将描绘世界的方向。美国《世界邮报》曾如此断言：中国经济未来发展，对地球上的每一个人都有潜在影响。

身处相互为邻的"地球村"，今日中国的发展，不再是一条平静的"内河"，而是与全球经济交融激荡的"世界洋流"，深度融入世界经济链。构建休戚与共的命运共同体、合作共赢的利益共同体，这是人心所向、大势所趋。

大海之大，正在其开放包容的广阔胸怀。今日中国之开放，不只是与世界同行的自我发展，更是引领潮流的主动担当。中国是多边贸易体制的坚定捍卫者，是扩大对外开放的笃定践行者，是构建人类命运共同体的积极倡导者。与世界各国携手打造合作平台，实现共赢共享，中国责无旁贷。

"世界好，中国才能好；中国好，世界才更好。"习近平主席的朴素话语，揭示了新时代中国与世界关系的大逻辑。中国智慧犹如大海中的灯塔，指引着世界经济航船不断前进。

（七）

站在更长时间轴上，大国崛起必然经历沟坎，关键要保持战略定力和战略耐力，集中精力办好自己的事。

新兴国家由大而强，无不经历一个风险和挑战增大的特殊历史阶段。今日中国，正处于这样的"关键性阶段"。如此大的体量、如此重的分量，不是"低调"就能隐藏的，就像大象不可能隐身于小树之后，遇到沟坎在所难免。

"沟"与"坎"，左右不了事物发展的"时"与"势"。当今世界面临风险与挑战，但和平与发展仍是当今时代主题。作为世界第一人口大国、第二大经济体，中国在解决各种世界性难题中的作用不可替代，各国对中国市场等方面的依赖全面上升。中国发展仍处于重要战略机遇期，时与势在我们一边。

没有坐享其成的黄金时代。就像奔驰的列车，动力系统一旦停摆，靠着惯性也可以跑一段，但最终必然会停下来。中华民族伟大复兴，绝不是轻轻松松、敲锣打鼓就能实现的，我们必须准备付出更为艰巨、更为艰苦的努力。今天的中国，是全体人民干出来的；未来之中国，更要靠全体人民撸起袖子加油干！

办好自己的事，我们当不负时代，砥砺前行。

越是紧要关头，越要保持战略定力、坚定必胜信心。中国经济基本面底气十足，中国制度优势无可比拟，有以习近平同志为核心的党中央坚强领导、掌舵领航，我们绝不会因一时风浪而迷失。坚定自己的方向，走好自己的路，中国这艘巨轮将劈波斩浪、行稳致远！

办好自己的事，我们当顺势而为，攻坚克难。

越是艰难险阻，越要增强忧患意识，以更大的政治勇气和智慧迈向高质量发展。发展是硬道理，有实力才有话语权。无论是化解结构性矛盾，还是防范周期性风险，全面深化改革都是金钥匙。思想观念的束缚正在冲破，利益固化的藩篱正在打破，体制机制的牵绊正在突破，改革开放全面发力，中华民族正跑出新时代的加速度。

"暴风雨中的雷声特别响，乌云深处的闪电特别亮，只有通过漫长的黑夜，才能喷涌出火红的太阳。"诗人艾青笔下《光的赞歌》的诗句，象征着奋斗者百折不挠、勇毅前行的精神。

风雨虽大不足惧，中流奋楫，只争朝夕。站在"两个一百年"奋斗目标的历史交汇期，迎着中华民族伟大复兴的中国梦，只要我们紧扣重要战略机遇新内涵，变压力为动力，加快推动经济高质量发展，一定能把发展的主动权牢牢掌握在自己手中！

"历史只会眷顾坚定者、奋进者、搏击者，而不会等待犹豫者、懈怠者、畏难者。"一个古老的民族焕发青春，亿万向往幸福生活的"追梦人"，正朝着中华民族伟大复兴的目标奋勇前行！

一个更高水平开放的中国，将与世界形成更加良性的互动，一起播撒合作的种子，共同收获发展的果实！

《人民日报》（2019年05月13日　01版）

人民论坛

中国经济的底气所在

周人杰

中国有句老话,办法总比困难多。今年以来,应对国内外的错综复杂形势,我们一如既往保持战略定力,坚持稳中求进总基调,经济基本面运行在合理区间,与此同时实施相机调控,及时预调微调,使各类风险隐患被尽早识别、尽快排除,微观主体活力愈发丰沛,国民经济没有出现大起大落。党的十八大以来,宏观调控体系更加有力、有度、有效,调控手段与工具推陈出新、日益完善,党对经济工作的领导不断加强,这是中国经济的信心,更是中国经济的底气。

改革开放40年来,中国经济航船前后历经多次险滩、暗礁,从治理"洋跃进"、通货膨胀,到防范"硬着陆"、扩大内需,从应对东南亚金融危机、国际金融海啸,到认识、适应、引领新常态,推动实现高质量发展,之所以能一次次转危为安、化危为机,一次次劈波斩浪、行稳致远,最重要的经验就是在充分尊重市场规律基础上,主动作为、成功实施了数轮宏观调控,并能在每轮调控实践中斟酌纠偏、持续优化。时至今日,我们的宏观调控日臻稳健,各项机制化建设更加成熟、定型，尤其是"工具箱"的政策储备数量足、种类多、效率高，构成了中国经济防范和化解不确定性的坚实屏障。

社会主义市场经济是周期性经济，离不开适时适度逆周期调节和相机抉择。调节、抉择，就要留有回旋余地。今年1—4月，减税降费后的一般公共预算收入仍增长5.3%，以税收为中心的财政政策仍有较大空间。4月CPI温和上涨2.5%，M2同比增长8.5%，稳定的物价和预期为货币政策留足了后手。更何况，"三去一降一补"的结构性调整已为总量调控提供新方法，如为中小企业降成本、补短板比开闸放水更精准、更见效，去杠杆不搞一刀切，通过"定向输血"为转型升级添动力。1—4月外贸进出口总值增长4.3%，4月末外汇储备规模达30950亿美元，国际收支继续稳中提质，贸易与汇率政策同样有后手可见招拆招。有经济肌体的平稳健康，有调控的科学性、预见性，我们没有理由不自信前行。

宏观调控重在有度，相机抉择难在冷静。以人民为中心的发展是高质量发展，必须有把握宏观大势的历史耐心与定力，既要会打政策"组合拳"，更要多做打基础、利长远的工作。一方面，只要主要统计指标、特别是就业数据不滑出目标区间，就不下猛药，不搞大水漫灌、强刺激，努力做到"乱云飞渡仍从容"。另一方面，也要在"巩固、增强、提升、畅通"八个字上下功夫，这其中蕴含着当下调控的全部要义。比如去库存更多运用市场化、法治化的手段，去产能更多采取改革的办法，较之单纯的工具组合更易唤起企业的活力创造力，此类以改革促调控，本身就是手段的优化和创新，是宏观调控"工具箱"的生命力所在，便于克服体制性因素迎来"柳暗花明又一村"。

风浪越大时，掌舵越重要，领航越关键。发挥好党中央对于经济工作、金融工作集中统一领导的定海神针作用，乃是宏观调控能强化政策协同、做到令行禁止的"定盘星"。无论稳中有何变、变中有何忧，只要紧跟党中央的调控号令，提高做经济工作的能力水平，步调一致地落实好"工具箱"中各项政策，我们定能无畏严冬酷暑，上下同心、攻坚克难，打开宏观调控新局面，赢得中国经济新机遇。

《人民日报》（2019年05月10日 04版）

人民论坛

中国经济的深层优势

李 拯

刚刚过去的"五一"小长假,见证了中国消费的井喷。假日期间,平均每天9266趟列车飞驰、1.6万个航班起落,全国一天的消费就"刷"掉3225亿元……这些数据,记录着愉悦的假期生活,也诉说着中国经济的澎湃活力,为观察中国经济的运行提供了一个窗口。

前不久公布的今年一季度经济数据,总量和结构都呈现出平稳向好态势。从总量看,国内生产总值增速6.4%,新增就业324万人,居民消费价格上涨1.8%,经济增速、就业情况、物价指数等主要宏观调控指标处在合理区间。从结构看,战略性新兴产业增加值快于规模以上工业增速,一批新产品、新技术正成为增长新亮点。这些数据,说明中国经济发展健康稳定的基本面没有改变,说明中国经济韧性好、潜力足、回旋余地大。这正是应对外部冲击和风险挑战的稳定器。

正确研判中国经济,不仅要看短期波动,也要从时间轴上看整体、看大势、看实质。这就需要具有辩证眼光和战略定力,发现那些不受短期波动影响、能为中国经济长远发展保驾护航的"深层优势"。这样的"深层优势",首先表现为巨大的"市场优势"。今年一季度,消费对经济增长的贡献率为65.1%,继续发挥经济增长主引擎的作用。中国已经形成世界上规模最大的中等收入群体,有近14亿人口的大市场,不仅会进一步降低中国经济的对外依存度,而且能够以消费升级带动转型升级。

这样的"深层优势",体现为善于求变应变的"改革优势"。近年来,供给侧结构性改革深入推进,不断激发中国经济的内生活力。2018年世界银行发布的报告显示,中国营商环境排名在全球190个经济体当中的位次跃升了32位,成为营商环境改善幅度最大的经济体之一。从坚持优化营商环境、深化简政放权,到壮士断腕般实施预计可带来1万亿减税额的减税降费,再到央行定向降准为民营企业输血,我们在体制机制弊端上做减法,在加强服务和监管上做加法,就是为了用"改革优势"激发市场活力,使得市场主体的创新潜力充分涌流。

这样的"深层优势",更是中国特色社会主义所独有的"制度优势"。坚持党对经济工作的集中统一领导,这是中国经济发展最大的制度优势。党的坚强领导,能够着眼于中国经济发展的长远利益和整体利益,既能保持战略定力、坚持高质量发展的方向,也能根据经济运行中的问题而进行灵活、适时的逆周期调节,确保经济不出现大的颠簸,在平稳发展中实现转型升级。党的坚强领导,确保国家具有超强整合能力、强大动员能力和高效执行能力,这是中国抵御一切风险挑战的压舱石,也是中国赢得更长远未来的关键。

看一个国家的经济发展,比一时一地的短期波动更重要的,是观察那些在长时间段上起作用的结构性因素。巨大的"市场优势",

能够避免经济过度依赖外贸,用超大规模市场托举中国经济;持续的"改革优势",能够更好处理政府和市场关系,用更好的发展环境激发内生活力;根本的"制度优势",能够为中国经济发展提供完整的制度框架,用强大的国家能力确保中国经济行稳致远。

今年是新中国成立70周年,翻开这70年的发展历程,本身就是一部"挑战—应战"不断循环往复的历史。与以往面临的机遇和挑战一样,发挥好我们自身的"深层优势",就能抓住机遇、化危为机,积极迎接挑战,实现中长期高质量发展的战略目标。

《人民日报》(2019年05月11日 04版)

人民论坛

中国经济的无限潜能

陆娅楠

"中国经济'超预期地稳定'。"这是路透社对2019年中国经济开局成绩单的评价,符合国际社会对当前中国经济形势的主流判断。4月以来,国际货币基金组织、花旗银行、摩根大通等海外金融机构纷纷上调今年中国经济增长预期,并对中国经济前景表示乐观。

以超大经济体量保持中高速增长,作为最大的发展中国家全面建成小康社会,作为第一大货物贸易国不断扩大开放……这些努力,在为自身高质量发展赋能的同时,也让世界经济的动力源更加强劲。潮流不息,趋势浩荡,"断崖说""崩溃论"等荒谬说法不攻自破。越来越多人相信,中国经济彰显强劲韧性,蕴藏无限潜能。

潜能来自于经济结构优化。相较于投资、出口,消费具有更强的稳定性和黏性。一季度,中国最终消费支出增长对经济增长的贡献率为65.1%,消费继续发挥对经济增长的基础性作用,是中国经济具有强大韧性的关键所在。有海外学者曾预测,随着中国中等收入群体长期持续扩大,到2030年,中国消费支出将高达14.3万亿美元,占世界总量的22%。

潜能来自于回旋空间巨大。中国处于新型工业化、信息化、城镇化、农业现代化同步发展进程中，不断孕生出发展的动力和空间。今年一季度，我国生态保护和环境治理业、教育、制造业技改等"补短板"领域投资，同比分别增长43%、14.7%、16.9%，均明显快于同期固定资产投资（不含农户）6.3%的增速。解决发展中不平衡不充分的问题，加快形成强大国内市场，中国经济还有巨大增长潜力等待释放。

潜能来自于新旧动能转换。每分钟约7件专利递交申请，每小时约25万人乘高铁出行，每天约1.65万户企业新登记成立；制造出世界上最薄的玻璃、最轻的地铁，建造出世界上最长的跨海大桥、最大的水陆两栖飞机……随着创新发展战略的深入实施，中国研发投入占国内生产总值比重已超过欧盟。以战略性新兴产业、分享经济等为代表的新动能不断孕育壮大，中国高质量发展动力澎湃。

强劲韧性与磅礴潜能并非从天而降，更难以坐享其成。有韧性的经济，往往需要政策和体制机制在关键时候作出适应性的改变，从而激励更有效率的经济活动，让经济活力充分释放。中国经济长期向好的基本面更加稳固，中国发展的回旋余地和应变能力不断提升，靠的正是以习近平同志为核心的党中央总揽全局、科学决策。截至2018年末，十八届三中全会提出的336项重大改革举措中已出台实施方案的超过95%。我们必须坚持以供给侧结构性改革为主线不动摇，推动中国经济保持价格回升、成本下降、盈利改善、信心增强的良性循环。激发只争朝夕的改革精神和越开越大的开放气魄，将助力中国经济中流奋楫、再上台阶。

"中国的经济奇迹没有结束，而是进入了第二阶段"，2017年美国《福布斯》杂志如此评价中国发展。从大风大浪中发展起来的中国经济，面对百年未有之大变局，抢抓历史机遇期主动攻坚，不断深化改革开放，不断推动高质量发展，更有能力在风雨中破浪前行，创造新的更大奇迹。

《人民日报》（2019年05月12日 04版）

人民论坛

中国经济的空间广阔

李 斌

前段时间,一张"1斤香椿价格等于1只进口龙虾"的换算表引发众多关注。在近2000公里外的北京乍暖还寒、冬意未消时,来自川、滇等地的时令香椿早已登上北京人的餐桌。曾因竹子而闻名的四川大竹县,靠着季节差种植香椿,赢得了"香椿第一县"的美誉。

这则案例表明我国经济有着广阔空间。一则,消费升级创造新消费需求,由此拉动农业供给侧改革,助力乡村田野生长出致富希望;二则,交通和物流的大跨越大发展引发"地理收缩效应",深度重构了从田间地头到城市餐桌的供应链;三则,城乡之间、东中西不同区域之间虽然存在明显的发展差距和不平衡,却体现出强烈的发展互补性、协同性,孕育着巨大发展潜力,也扩充了发展的回旋余地和腾挪空间。

习近平总书记强调,"中国经济是一片大海,而不是一个小池塘""狂风骤雨可以掀翻小池塘,但不能掀翻大海"。有改革开放40年发展积累的坚实基础,有世界上规模最大的中等收入群体,有全球最完整的产业体系，有新型工业化、信息化、城镇化、农业现代化同步发展，有新时代改革开放不断推向深入……一系列因素，厚植起中国经济回旋余地大、韧性强的优势。我们不仅有底气和定力，更有条件和能力，引领中国经济行稳致远。深刻洞察产业调整、消费升级、区域协同、城乡协调、人力资源等经济发展的"梁柱支撑"，有助于更好把握中国经济发展的广阔空间。

这一空间，拓展自规模效应与制度优势的互相叠加。近14亿人口、9亿劳动力、8亿网民、1亿多个市场主体、1.7亿多受过高等教育或拥有专业技能的人才……动辄以"亿"来计量的市场空间、人力资源，正是靠着党中央的掌舵领航和集中力量办大事的制度优势，释放出蓬勃旺盛的发展潜能。从"美丽中国"到"健康中国"，从科技强国到智慧社会，从基本公共服务均等化到农村人居环境建设，在以习近平同志为核心的党中央坚强领导下，中国这个"世界上最大的经济和社会变革的实验室"，不断刷新着世人对现代化路径和发展理念的认知。保持定力、从容施策，战略机遇期的"时"，发展上升通道的"势"，都会稳稳站在中国这一边。

这一空间，壮大于全面深化改革与全面扩大开放的持续发力。从一带一路建设、京津冀协同发展、长江经济带发展，到粤港澳大湾区建设、长江三角洲区域一体化发展，党的十八大以来改革开放空间布局不断完善，锻造出引领高质量发展的强劲动力源。特斯拉在上海建设电动汽车超级工厂，宝马在沈阳投资新建第三工厂，首家外资控股证券公司、首家外资保险控股公司相继诞生……全面深化改革不断完善市场化、法治化、国际化的营商环境，全方位开放刺激要素自由流动、资源高效配置，改革与开放共同促成国内国际两个市场深度融合，为我国经济拓展出更广阔的发展新空间。

知之愈明，则行之愈笃；行之愈笃，则知之益明。无论形势如何变化，最根本的决定因素，始终在于我们自己；最强大的前进动能，也始终在于我们自己。坚定不移落实党中央关于经济工作的各项部署，我们一定能推动中国经济加快转入高质量发展轨道，赢得更大的发展空间，迎来更加光明的发展前景。

《人民日报》（2019年05月13日　04版）

人民论坛

中国经济的创新动力

白天亮

2019年开局,中国经济拿出一份稳中有进的"超预期"成绩单。其中最让人欣喜的是,创新驱动替代要素驱动成为发展主引擎,为中国经济巨轮注入破浪前行的澎湃动能。

创新因子发力,经济发展的"含金量"更高。新产业蓬勃发展,增加值增速显著领先于全部规模以上工业增速,跃升为中国经济体系中发展最快、最具活力的部分。新业态百舸争流,打通线上和线下,融合传统产业和数字经济,中国已成为全球新业态孕育、输出的重要源头。1分钟,4人用AR技术领略莫高窟风采;1分钟,中关村科技园区创收1009万元;1分钟,"天河三号"可运算6000亿亿次……"创新中国1分钟"让海内外为之赞叹,也是中国新旧动能转换的真实映照。目前,科技创新对中国经济增长的贡献率已大大提高。

创新机制完善,经济发展的潜力更大。新动能崛起的背后,是"放管服""公平竞争""减税降费"等一系列体制机制改革释放红利,为千千万万个市场主体营造出想创新、敢创新、能创新的外部环境。

单考察减税这一部分，今年前5月，中国相继实施小微企业普惠性税收减免、全面降低增值税等改革，力度前所未有，以政府权力"减法"和财政"紧日子"换取创新"乘法"。平均1分钟，全国11家新企业诞生。中国创新热情高不高、发展信心足不足？这是最生动有力的答案。

创新矩阵齐整，为长远发展提供支撑。创新能否成为主动力，不单靠某几项明星技术、某几个领先产业。对于中国这样的大国而言，更要看是否在空间和时间上形成相对完整的创新矩阵。从这一角度考量，中国不仅在制造业等传统领域稳步向前，还在人工智能等尖端领域积累了大量优势，不仅在新兴产业实现与发达国家同台竞技，还在前沿科技"无人区"提前布局。既关注当前发展，又致力近期补短板，更放眼未来引领，尽管眼下中国还存在不少技术上的薄弱环节，但看总体、看长远，中国创新引擎动力充足。

曾有人认为，中国经济规模大、人口多，会加大转型升级的难度。还有人担心，中国传统产业量大面广，很可能影响新技术的孕育推广。事实证明，全球新一轮技术产业变革与我国经济迈向高质量发展的新阶段相交汇，恰恰为我国实现创新引领提供了难得机遇。中国拥有齐全的产业门类，超过200种主要工业品产量全球第一，创新创造在中国可以快速落地；中国拥有海一般的市场、第一大人口规模、强劲的消费能力，为那些有价值的"脑洞大开"创造了沃土。今天，我国城乡居民对"支付扫一扫""购物点一点"早就习以为常，甚至纳闷这么好的模式为什么在一些国家推广得慢。事实上，这些创新的背后，绝非单兵突进或平地惊雷，而是靠系统性地支撑，离不开庞大的云计算、大数据、新一代移动通信、物联网乃至高效的交通体系和工业体系。多重创新元素相互激荡，多领域专长彼此助力，构成中国创新驱动的新优势，也必将孕育更多引领经济高质量发展的新惊喜。

一个经济体的底气，要看眼前静态的"形"，更要看长远发展的"势"。今天，中国创新体系完善、创新动力强劲、创新劲头红火，推动经济发展效益更佳、质量更高、持续性更好。这正是未来中国经济保持稳健运行的底气所在。固然，GDP增速可能会有波动，外界的风风雨雨可能会带来冲击，具体的产业难免有起伏有兴衰。但只要中国经济自身肌体强健，则信心足、站得稳，不惧一时的风雨。

《人民日报》（2019年05月14日　04版）

人民论坛

"不怕打贸易战"的底气

纪 帆

"今天,是历史的选择,所有我们曾经打造的备胎,一夜之间全部转'正'!""今天,这个至暗的日子,是每一位海思的平凡儿女成为时代英雄的日子!"5月17日凌晨,华为海思总裁发出致员工的一封信。当天这封信在网络热传,引发网友的强烈点赞、如潮好评:"为华为的前瞻性点赞!""这就和老一辈科学家研究从无到有的历程一样,加油!"

这封信,是华为方面对美国商务部以国家安全为由将华为公司及其70家附属公司列入出口管制"实体名单"后的回应。在有人以为这是华为的"噩梦"时,华为却早就未雨绸缪。如信所言,华为多年前作出"极限生存的假设":预计有一天,所有美国的先进芯片和技术将不可获得,而华为仍将持续为客户服务。他们"为了这个以为永远不会发生的假设,数千海思儿女,走上了科技史上最为悲壮的长征,为公司的生存打造'备胎'"。当这一天真的到来时,这些研究成果却能获见天日,让华为不被"卡脖子",能够"在极限施压下挺直脊梁，奋力前行"，令人感佩，更发人思考。

华为这一招，看似一步闲棋，关键时刻却顶大用，深刻表明一个有远大抱负又有战略远见的企业，往往具备一种深沉的忧患意识，具备一种"从最坏处准备，向最好处努力"的底线思维，具备一种勇于攻坚克难、攀登险峰的英雄气概，具备一种坚忍不拔、百折不挠的精神力量。归根到底，就是一种一往无前、势不可挡的追梦精神。企业如此，国家如此，人民如此。在一定意义上说，华为是一面镜子，也是一个标杆。

新中国成立以来，有多少风雨坎坷，有多少艰难险阻？从抗美援朝，到九八抗洪，再到汶川抗震救灾，面对各种困难、风险和挑战，倘若中国人民没有那么一种忧患意识、底线思维、英雄气概、精神力量，我们又如何能"踏平坎坷成大道，斗罢艰险又出发"？即便在我们迎来民族复兴光明前景的今天，中国人民亦深知，"行百里者半九十"，中华民族伟大复兴，绝不是轻轻松松、敲锣打鼓就能实现的，必须付出更为艰巨、更为艰苦的努力。但不管前进道路上会面临什么样的风险挑战，中国人民内心里都激荡着那么一种骨气、底气与硬气，都会表现出一种沉着冷静、从容淡定的姿态。原因就在于，中华民族积蓄了无比强大的能量，中国人民饱蘸了敢于战风斗浪的精气神，任何力量都阻挡不了我们追求美好生活、实现伟大梦想的步伐。

"贸易战没有赢家，中国不想打，但也不怕打。"面对中美经贸摩擦，为什么中国不怕？这不单是因为我们对最坏的结果早有预判、早有准备，不单是因为我们这些年坚持转变发展方式、坚持推进高质量发展，不单是因为我国经济长期向好的基本面没有变、我国经济承压抗风险能力增强，更是因为中国人民在面对各种风险挑战时，总是爆发出惊人的万众一心、众志成城的强大力量,心往一处想、劲往一处使,不让任何障碍阻挡了我们追梦的脚步,不让任何力量打乱了我们筑梦的节奏。

古人云:"人之命在元气,国之命在人心。"诚哉斯言!

《人民日报》(2019 年 05 月 18 日　04 版)

人民论坛

中国经济的信心所依

刘志强

三菱商事株式会社将其化学品业务的亚洲区总部落户上海;索恩格新能源汽车技术全球研发中心在长沙经济技术开发区开工;著名投资商巴菲特表示,公司已在中国投入很多,还将继续加大投资……5月伊始,又有一批跨国企业、高管,公开表达了对中国经济的坚定信心。

为什么经济界人士持续看好中国?供给侧结构性改革深入推进,经济质量和效益持续改善,消费对经济增长拉动作用明显增强,三大攻坚战开局良好,新动能加快成长……稳,构成了中国经济社会发展的一个鲜明特点。尽管下行压力加大、外部不确定性因素增多,但无论是打量产业"家底",还是审视发展趋势,中国经济长期稳中向好的总体势头没有改变。

信心来自健康稳定的基本面。改革开放40年来,中国经济总量越来越大,发展条件和物质基础越来越好,巨大的发展韧性、潜力和回旋余地足以抵抗大风大浪、避免大起大落。面对复杂严峻的国内外形势，中国国内生产总值增速连续14个季度保持在6.4%—6.8%的区间。所谓的"失速论"在事实面前不攻自破。作为全球第二大经济体，中国经济"长个子"的速度虽有所放缓，但高质量发展的趋势日益凸显，总体平稳、稳中有进的发展态势愈发稳固。

信心来自坚实有力的产业基础。作为世界第一制造大国，中国拥有全球最全面的工业门类、最系统的配套辅助。尽管部分传统优势在减弱、个别企业也可能转移投资，但上下游间的"链条咬合"、不同领域间的"相互补位"、不同区域间的梯度转移，让绝大多数产业链在中国"扎牢马步"。对企业而言，要积蓄竞争新优势、应对分工新格局，中国的产业基础条件无疑是宝贵的发展机遇。

信心来自澎湃奔涌的升级动力。改革创新释放的新动能茁壮成长，使经济的动力、活力与后劲更趋强劲。5G等新技术加快布局，高铁、新能源汽车、航空航天等新产业新产品快速增长，人工智能、互联网经济等新业态新模式蓬勃发展……中国近年来坚持深化供给侧结构性改革，壮士断腕去产能、苦练内功补短板、千方百计降成本、多措并举优环境，高质量发展之路越走越宽阔。

不同角度的分析、不同方面的反映、不同指标的表现，都指向这样一个事实——中国经济的前景十分光明，对中国发展的乐观预期有着坚实支撑。作为130多个国家的主要贸易伙伴，中国既是举足轻重的"世界工厂"，也是向各国产品开放的"世界市场"。尽管单边主义、保护主义有所抬头，但中国经济有应对挑战的充足能力，中国人民有对改革发展的坚定信心。近年来，中国在加强与传统贸易伙伴往来的同时，积极开拓新合作、新空间。据统计，近6年来，中国与"一带一路"沿线国家货物贸易总额超过6万亿美元。"朋友圈"越来越大，播撒的合作种子越来越多，发展的果实必然更丰硕。

吾心信其可行，则移山填海之难，终有成功之日。在以习近平同志为核心的党中央坚强领导下，只要我们保持战略定力，坚持全面深化改革开放，集中精力办好自己的事情，中国就一定能战胜任何风雨、困难、挑战，在高质量发展中创造新的更大奇迹。

《人民日报》（2019年05月20日　04版）

人民论坛

中国经济的大势所趋

李浩燃

金融业上市公司年报季报如同一面镜子，既反映行业发展实绩，也映照着金融服务的变化、宏观经济的走势。前不久，上市商业银行和保险公司2018年年报和2019年一季度季报公布。数据显示，32家A股上市银行营业收入同比增长15.9%，高于2018年度增速7.5个百分点，越来越多的银行信贷资金流向民营企业和小微企业；5家上市险企保险业务保费收入及经营利润均比去年同期大幅增长，保险业交出精彩答卷。这从一个侧面有力印证，今年中国经济开局良好、韧劲十足。

看近期，中国经济呈现稳中有进的态势。近日，国家统计局发布4月经济运行主要指标。全国服务业生产指数同比增长7.4%，增速是去年9月份以来月度增速的第二高点；高技术制造业增长11.2%，比规模以上工业快5.8个百分点；就业形势向好，全国城镇调查失业率再降0.2个百分点……从最新的经济运行数据来看，不管是经济增长，还是就业、市场活力，中国经济运行仍然处于合理区间，总体平稳、稳中有进的态势更趋稳固。

看中期，中国经济保持稳中向好的势头。我国国内生产总值增速连续 14 个季度保持在 6.4%—6.8% 区间，延续了近年来平稳增长的态势，就业持续增加，居民收入增长略快于经济增长，消费继续发挥对经济增长的主引擎作用……面对复杂严峻的国内外形势，中国经济运行实现了稳字当头，主要经济指标保持在合理区间并好于预期。稳中向好，不仅体现在速度上，更重要的是体现在结构优化和发展方式转变上。近年来，在深入推进供给侧结构性改革的背景下，经济运行进入价格回升、成本下降、盈利改善、信心增强的良性循环，质量和效益显著提升。可以说，中国经济"稳"的格局更加牢固，"进"的姿态更加凸显，稳中向好的态势更趋显著。

看远期，中国经济有着长期向好的大势。从供给侧看，我国生产要素综合比较优势没有改变，具有劳动资源优势、土地优势、资本优势、新兴优势，供给体系质量不断提升；从需求侧看，我们拥有近 14 亿人口的超大内需市场，中等收入群体规模迅速扩大，大众消费升级态势明显，为经济运行提供着巨大韧性和内生动力；从宏观经济政策来看，改革开放以来我们积累了丰富的宏观调控经验，政策空间大、工具充足。尽管在前行的道路上，难免还会面临新问题、新挑战，但我国经济长期向好的基本面没有变，韧性好、潜力足、回旋余地大的基本特质也没有变。

"察势者智，驭势者赢"。观察与思考中国经济，惟有"不畏浮云遮望眼"，才能把握发展大势、明辨前进方向。中国经济的航船，一直是在劈波斩浪中行进的。今天，随着实力不断增强、活力日益显现、潜力持续释放，中国经济在高质量发展道路上行稳致远。沿着时间的长轴线观形察势，我们有充分理由相信：中国经济稳中向好、长期向好的稳定性确定性，必将战胜各类不稳定性不确定性，推动经济迈向高质量发展，迎来更加光明的前景。

"舟循川则游速，人顺路则不迷"。稳中向好、长期向好，是中国经济没有改变也不会改变的大趋势。坚定信心、攻坚克难、奋发有为，我们就能推动中国经济的巨轮扬帆远航，驶向更加美好的未来。

《人民日报》（2019年05月21日　04版）

人民论坛

最重要的是把自己的事做好

李 斌

5月21日,华为创始人、CEO任正非针对相关热点问题接受媒体采访时表示,面对美国的"90天临时执照",我们最重要的还是把我们自己能做的事做好,美国政府做的事不是我们能左右的。这样的回答,从一个侧面生动表达了中国企业面对风险挑战时的骨气、底气与企业家精神,引发网友广泛转发与热议。

同样在近日,国务院国资委一则点赞国企创新文章的微博,让无数网友心潮澎湃。"从设计图纸开始,造出了占全球市场份额2/3的中国盾构机""当年被超高压卡住了脖子,但现在,我们连特高压都搞定了""石油勘探、开采、炼化、输送都曾一度落后,领先是'干'出来的"……一项项落后、一次次封锁,却成就了一件件科技自立、创新自主的传奇。创业维艰,奋斗以成,从来就没有什么轻而易举,从来就没有什么理所当然。任凭乱云飞渡、风吹浪打,我自岿然不动、决胜千里,靠的正是把自己的事情做好的坚定与执着。

回首来路,中国人民遭受过的磨难和牺牲、绊脚石和拦路虎,不够多吗？但中国人民何曾因为艰难险阻放弃对梦想的追求和前赴后继的拼搏？从一穷二白的烂摊子上建起"人民当家作主"的新中国，从百业待兴中闯出"决定当代中国命运"的改革开放新路，在历史性成就和变革中推动中国特色社会主义进入新时代，正是靠着把自己的事情做好的勇毅笃行，不让任何外在因素打乱我们的节奏、步伐，我们才取得一个个胜利，把一个个困难踩在了脚下，踏出了大道。

有句话说得不错：世界上只有一种真正的英雄主义，那就是认清真相之后，依然热爱生活。中国人民早就深刻体认到，发展的道路，从来都不是一帆风顺的。无论外部环境如何变化，对中国而言，关键是"收拾精神，自作主宰"，激扬起那么一股子精气神，抓住机遇、迎接挑战、战胜一切艰难险阻。粮食安全说一千道一万，归根到底要体现在沉甸甸的稻穗麦谷里；实体经济主动权，归根到底要掌握在工厂车间的匠心凝聚和科技攻关上；先进技术、关键技术求不到、买不来，归根到底得沉下心、耐住性子去攻克……比认识更重要的是决心，比方法更关键的是担当。当此船到中流浪更急、人到半山路更陡之时，尤须牢记习近平总书记的谆谆教导："最重要的，还是要集中精力办好自己的事情，不断壮大我们的综合国力，不断改善我们人民的生活，不断建设对资本主义具有优越性的社会主义，不断为我们赢得主动、赢得优势、赢得未来打下更加坚实的基础。"

人人都是普通之人，人人都可做非凡之事。新时代是奋斗者的时代，是创造奇迹、诞生英雄的时代。超 1 亿户市场主体，9 亿多劳动力人口，超过 1.7 亿受过高等教育或拥有专业技能的人才，8900 多万共产党员，每个人向前跨出的一小步，汇集起来就是国家发展的一大步。大有大的潜力，大有大的底气。每个人、每个企业争分夺秒做好本职工作，就没有过不去的沟坎、打不赢的硬仗。历史终将证明，我们前进道路上的那些"绊脚石"，一定会成为奋斗者的"铺路石"。

"若问何花开不败，英雄创业越千秋。"近14亿中国人民风雨无阻追逐梦想，汇聚成的洪荒伟力，没有谁能阻挡得了。正如70年前新中国成立时毛泽东同志所宣示的，"中国人民的不屈不挠的努力必将稳步地达到自己的目的"。踏踏实实做好每一件事，我们必能从荆棘遍地中走出一条胜利之路，走向民族复兴的美好明天。

《人民日报》（2019年05月22日　04版）

人民论坛

中国经济的活力澎湃

赵展慧

大海跳动的脉搏，每一条支流、每一滴水里都能感受到。浙江义乌，是民营经济最活跃的地区之一。从"鸡毛换糖"破冰探索，到靠着纽扣、皮筋等小物件化身全球最大的小商品市场，再到如今飞速壮大为以设计、装备制造、数字产业为支柱的新兴产业集聚地，改革开放40多年来，义乌改革思变、转型求变，不断跃上新台阶，成为中国经济活力澎湃涌动的缩影。

世界第二大经济体、制造业第一大国、货物贸易第一大国、商品消费第二大国、外资流入第二大国，我国外汇储备连续多年位居世界第一……改革开放40多年来，勤劳智慧的中国人民在富起来、强起来的征程上迈出了决定性的步伐。中国经济活力源源不断，是一个超大规模经济体顺应经济规律发展到一定阶段的历史必然，是我们党带领亿万人民敢于变革破局、勇于开拓创新成就伟业的大势所趋。"中国在亚洲地区整体经济活力排名第一""中国仍是世界经济增长的主要动力"……透过外媒视角更可以发现，活力澎湃的中国经济已经成为世界经济的重要动力源、信心源。

中国经济的活力,来源于主动转型、提升"赛道"。国际经验表明,超越中等收入阶段的过程并不能自然过渡。在1960年被世界银行列为中等收入国家的101个经济体中,截至2008年,只有13个跻身高收入国家行列。新常态下的中国经济,以量取胜难以为继,进入以质取胜的新赛道才能焕发新活力。近年来中国全面贯彻新发展理念,深化供给侧结构性改革,取得一系列历史性成就。党中央审时度势,明确指出"我国经济已由高速增长阶段转向高质量发展阶段",及时作出推动高质量发展的重大部署,从顶层设计高度主动谋划转型、推动转型,打开了中国经济活力的新阀门。

中国经济的活力,迸发自科学施策、深化改革。这一点可以从减、简、变3个方面来观察。减,一季度全国累计新增减税3411亿元,企业有了更多真金白银转向高质量发展,个人也有了更多意愿提升消费品质。简,市场准入进一步放宽,行政审批和许可事项持续削减,一季度全国日均新登记成立企业1.65万户,同比增长12.3%。变,相关部委不断出台包容审慎的新制度、新办法,促进分享经济、数字经济等新经济新业态的发展。一季度,以提供生产生活服务平台、科技创新平台等为主的企业实现业务收入329.1亿元,同比增长24.8%。总体看,政策组合拳大幅改善了营商环境,让中国经济肌体的细胞更加生机充盈。

中国经济的活力,厚积于企业创新、百姓乐业。第一个5G电话接通,最智能的视觉推理芯片诞生,柔性显示屏开始量产……在机制日益完善、产业基础更加完备的基础上,新一轮科技革命和产业变革同经济优化升级交汇融合,企业创新活力如同雨后春笋加速萌发。与此同时,也诞生了智能客服系统专家、无人机"飞服师"等上千种新职业，为高质量发展增添源源不断的力量。作为世界上规模最庞大的劳动大军，亿万劳动者的辛勤汗水，浇筑中国经济活力的坚实底气。

得道者多助。作为全球自由贸易的旗手、合作共赢的坚定实践者，中国的朋友圈越来越大，同样为经济活力打开新的生长空间。汇聚志同道合的朋友，做好自己的事情，中国经济的大船必将穿越风雨，驶向更为广阔的蓝海。

《人民日报》（2019年05月26日　04版）

人民论坛

中国经济的"压舱石"

林丽鹂

国内生产总值增速连续 14 个季度保持在 6.4%—6.8% 区间,消费连续 5 年成为经济增长第一驱动力,数字经济增速已连续 3 年排名世界第一……一个超 10 万亿美元的经济体在高质量发展中保持中高速增长,这是世界经济史上绝无仅有的奇迹。

当今世界,正处于百年未有之大变局,贸易保护主义重新抬头,"笼罩着世界经济的乌云正变得越来越重"。然而,尽管风云变幻、洋流涌动,但中国经济巨轮劈波斩浪、行稳致远,成为引领世界经济走出阴霾、推动经济全球化继续前行的希望之光。正所谓"任凭风浪起,稳坐钓鱼船",中国经济之所以能表现出超预期的稳健,主要得益于超稳固的"压舱石"。

比如,工业筋骨更壮。在海底放一台"3D 打印机"水下铺"路",这不是科幻电影特效,而是由我国自主研发、在江苏南通下水的自升式碎石铺设整平船"一航津平 2"的真实工作场景。工业是实体经济的重要组成部分,工业筋骨壮则经济筋骨强。今年一季度不仅工业增加值增速加快，工业对经济增长的贡献率也比上季度提高2.5个百分点。新技术、新产业孕育新动能，3D打印设备、石墨烯、新能源汽车等技术含量和附加值较高的工业新产品产量快速增长，见证中国经济在高质量发展的新航程中动力十足。

又如，农业势头更好。农业发展得好不好，直接关乎能不能真正"把饭碗端在自己手里"。当前，我国第一产业产值占GDP的比例已下降到不足8%，但农业仍是广大农民安居乐业、增收致富的固本产业。今年第一季度，第一产业增加值、农村居民人均可支配收入延续"双增长"。从"互联网+农业"到绿色农业，从更加重视"质量安全"到不断优化从田间到餐桌的供应链，我国已经迈入依靠科技创新推进农业农村现代化的发展阶段。农业稳中有进、量质并举，从一个侧面深刻表明我国农业农村好形势正得到巩固发展，"三农"压舱石作用正得到更好发挥，为有效应对各种风险挑战赢得主动，为全国发展大局厚植了坚实基础。

再如，消费块头更大、外贸结构更优。国内消费火热到什么程度，"五一"小长假的特写镜头是个很好说明：3467万人次走进电影院，1.95亿人次出行旅游，平均每天有9266趟列车飞驰、1.6万架航班起落。消费强则经济内生动力强，国内市场的确定性，让中国经济在应对外部环境不确定性时更加淡定从容。与此同时，外贸稳、外资稳的态势没有改变。今年前4个月我国货物贸易进出口总值比去年同期增长4.3%，一季度中国实际使用外资额同比增长6.5%，进出口商品结构进一步优化，外资用实际行动对中国经济投出"信任票"。

最强大的压舱石，在于党中央的坚强领导、科学决策。英国《金融时报》援引摩根大通观点说："最近的数据表明，（中国）政府稳定经济的政策正在起效。"从宏观看，我国宏观调控"工具箱"储备多，政策组合拳打法灵活,日臻成熟稳健,效果愈发显著。发挥好党中央对经济工作的集中统一领导作用,有制度优势"压舱",中国经济便不怕风吹浪打。

"事莫明于有效,论莫定于有证"。中国始终是世界经济的稳定之锚、增长之源,并以实际行动传递出全面深化改革、全面扩大开放和推进自由贸易的积极信息。只要我们抓住机遇,积极作为,乘势而上,必将书写逐梦复兴的更美诗篇。

《人民日报》(2019年05月28日 04版)

人民时评

新优势,激荡内生增长力量

——感受中国经济"发展新优势"①

李 拯

新技术催生新业态、新模式,新供给形成新需求、新消费,这些新动能正在深刻改变生产生活方式、塑造中国发展新优势

当前的中国经济,既有从0到1的颠覆式创新,也有从1到N的迭代式创新;既有"无中生有"的新技术新业态新模式,也有"有中出新"的传统产业改造升级

刚刚闭幕的第二届数字中国建设峰会上,新经济有着触手可及的呈现形式。自动清扫机器人,人脸识别技术,城市交通数据分析,健康监测高端仪器……从新技术的应用中,人们感受到浓厚的"未来感",看见了创新发展的美好未来。

当制衣企业根据消费端的大数据进行"定制生产",当远程医疗与远程诊治成为可能,"互联网+"渗透到更多行业;当工业锅炉能

够运用云计算进行生产优化，当"无人码头"实现全自动化集装箱，智能化成为普遍趋势；当移动支付让人可以携带手机走天下，当共享经济改变着出行方式，新模式刷新着人们的消费体验。新技术催生新业态、新模式，新供给形成新需求、新消费，这些新动能正在深刻改变生产生活方式、塑造中国发展新优势。中国经济不断衍生出全新的可能性，正如一家国际媒体的判断，"未来，中国的发展也将描绘世界的方向"。

中国新经济的开疆拓土、新优势的不断汇聚，也反映在宏观统计数据上。一季度，工业战略性新兴产业增加值同比增长6.7%，比规模以上工业快0.2个百分点，这背后是一大批新产业、新产品的蓬勃生长；信息传输、软件和信息技术服务业同比增长21.2%，这背后是服务业新业态、新模式的充分涌流；消费对经济增长的贡献率为65.1%，这背后潜藏着消费升级的大势所趋。可以说，蓬勃生长的新经济、新优势，正在成为推动中国经济高质量发展的新引擎。

经济学界有一个共识：从长期来看，技术进步是经济持续增长的重要源泉。当前的中国经济，既有从0到1的颠覆式创新，也有从1到N的迭代式创新；既有"无中生有"的新技术新业态新模式，也有"有中出新"的传统产业改造升级……可以说，凝聚技术创新的力量，不断激发中国经济的创新创业创造动能，就是要推动质量变革、效率变革、动力变革，实现中国经济的转型升级和可持续发展。

中国经济新优势，背后是强大的制度优势。中国的经济制度能够把社会主义制度优势和市场经济优势结合起来。一个有为的政府，既能最大限度激发"看不见的手"的活力，又能更好发挥"看得见的手"的作用。未来学家杰里米·里夫金认为，迎接变革所需要的大量基础设施建设、交通物流、新能源的推广、数字化的生态互联网建设等等，将这些需要落地，"国家力量扮演着非常重要的作用"，因此中国"可以引领下一次全球变革浪潮"。从5G技术到物联网，中国强大的国家能力能够提供基础设施，为新经济的生长创造生态系统。与此同时，中国政府对于新事物的包容审慎监管，能够在避免社会风险的同时最大限度促进新技术、新事物的涌现。

中国经济新优势，根植于深厚的社会基础。一位"天使投资人"讲过一个生动的故事：美国加州硅谷的一家创新公司想出了点子，要造一个新产品的样品，因为当地的工业生产已经不齐备，所以计划用6个月来生产这个样品；而在中国深圳，只需要两个星期就能找齐配件、生产样品。我国不仅有全世界门类最齐全的工业生产体系，还有全球规模最大、上网人数最多的互联网，有全球最丰富的数据资源，有世界瞩目的"人才红利"，这些都为新技术、新业态、新模式等的生长创造了土壤。在这些看得见的基础上，中国还有一个看不见的认知优势，就是改革开放40多年的高速增长，让中国人更容易接受新事物，这让中国社会对于新技术、新事物抱有更大的包容、更强烈的追求。

有这样两组统计数据意味深长。有市场机构统计，截至2018年底，全球共有429家独角兽企业，中国的独角兽企业达到205家，数量位居第一；在全球前二十大互联网企业中，目前中国拥有9家，几乎与美国平分秋色。当前，中国经济转型升级恰好与全球新一轮科技革命和产业变革产生历史性交汇，激发这个文明古国的新优势，就能推动中国经济爬坡过坎，赢得更长远的未来。

《人民日报》（2019年05月20日　09版）

人民时评

新动能，深刻改变产业供给
——感受中国经济"发展新优势"②

陆娅楠

在外部经济环境总体趋紧、国内经济存在下行压力的大背景下，中国经济运行总体平稳、好于预期，新旧动能加快转换功不可没

为新动能的生长创造更好的制度环境，让一切创新的活力充分涌流，让一切创造的动力竞相迸发。如此，中国经济才能花开四季，获得可持续发展的动力

舒展今日中国的经济画卷，新动能所演绎的神奇篇章跃然纸上。在福建，几十万吨鸡粪每年被转化为2.1亿千瓦时电；在陕西，空间大数据技术精确统计每一棵苹果树开花的数量，让农民胸有成竹；墨子"传信"，嫦娥"奔月"，北斗组网，磁浮竞速……神州大地的每一个角落，创新的回响格外嘹亮，新动能正在汇聚起强大的发展势能。

中国的新旧动能转换，正在以看得见的方式推动中国经济转型升级。正如国际媒体所言，"在大众创新的推动下，中国正变成高科技的巨大实验室。这让中国在过去5年里从质量上而非数量上变成了大国。"的确，在外部经济环境总体趋紧、国内经济存在下行压力的大背景下，中国经济运行总体平稳、好于预期，新旧动能加快转换功不可没。

动能转换来自"别开生面"。更轻薄的运动装、可变形的柔性屏、能美颜的自拍手机……这些新产品、新产业的加速孕育、快速迭代，恰与高质量发展需求无缝对接。一季度，医疗仪器设备及仪器仪表制造业、电子及通信设备制造业增加值同比分别增长14%、9.4%，增速均明显快于规模以上工业；移动通信基站设备、城市轨道车辆、新能源汽车同比分别增长153.7%、54.1%和48.2%。近14亿人对美好生活的"刚需"，就是做大蛋糕的不竭动力。

动能转换也来自"取长补短"。经济发展进入新常态，拼成本、耗资源的粗放发展老路走不通，也不能走。中国制造由大到强，既要充分发挥产业体系完整的传统优势，更要夯实根基，破除瓶颈，补足短板。近年，我国研发投入强度已超欧盟初创15国的平均水平，制造业技改投资增速大幅高于制造业投资增速，以中高端消费品、关键零部件和核心技术为代表的新动能，正引领实体经济加快结构优化升级。

动能转换更来自"此消彼长"。"腾笼"才能"换鸟"。过去三年，中国累计压减粗钢产能1.5亿吨以上，退出煤炭落后产能8.1亿吨，旧产能的淘汰为新动能腾挪出巨大空间。如今，中国每天新登记逾1.8万家企业、1年诞生800多家科技企业孵化器、技术市场年成交合同额逾万亿元……一位位材料、医学、信息技术界的创业典范跨界合作、携手前行，使新动能快速崛起、加力融合，更加焕发出市场的勃勃生机。

动能转换有赖于改革发力。要让创新引擎转得稳，转得持久，还是要坚持以供给侧结构性改革为主线不动摇，在八字方针上下足功夫算细账。如果将中国经济比为一座大花园，算清"巩固"的减法，方能去芜存菁，给新芽破土留足空间；做好"增强"的加法，犹如杀虫除草，可为发芽抽穗提供保障；用准"提升"的乘法，好比施肥剪枝，能让新苞如期盛放；而算好"畅通"的除法，则像是适时适度松土、浇水、控温，换来花开不败。八字方针协同发力，就能为新动能的生长创造更好的制度环境，让一切创新的活力充分涌流，让一切创造的动力竞相迸发。如此，中国经济才能花开四季，获得可持续发展的动力。

有这样一个细节对比意味深长：在2000年，全球市值前十大公司中没有一家中国公司；现在，中国的科技企业阿里和腾讯已经跻身其中。在未来，随着改革深入推进，将会有更多优秀企业生长起来，用新业态、新技术、新模式汇聚成新动能，为中国经济提供源源不断的动力。

《人民日报》（2019年05月21日　09版）

人民时评

新职业，让更多人梦想成真
——感受中国经济"发展新优势"③

何鼎鼎

不断涌现的新职业，不仅为更多人提供了人生出彩的机会，更能激发中国经济创新驱动发展的潜能

新职业如同一面镜子，照见的是中国产业结构的升级换代，是中国经济不断实现自我迭代的内在活力，是中国经济迈向高质量发展的坚实步伐

高新技术领域正成为我国新职业的密集诞生地。云计算工程技术人员、电子竞技运营师、无人机驾驶员……前段时间，人力资源和社会保障部等部门发布了13个新职业，这些颇具科技含量又充满未来感的职业让人眼前一亮。

从某种意义上说，技术进步史与职业迭代史是一枚硬币的两面。技术进步带来分工细化，催生更多职业，这是历史发展的必然。科

技日新月异，越来越多的职业正朝着高价值、数字化、个性化方向发展。近年来，当经济由高速增长转向高质量发展，高新技术产业成为我国经济新的增长点，人工智能、物联网、大数据和云计算等技术得以广泛运用，市场对相关岗位已形成了稳定需求。一系列新职业从无到有的快速生长，正是新技术、新业态、新模式蓬勃发展的最好注脚，本身就表明了中国经济社会发展的巨大活力。

这几年摘棉时节，新疆的棉田会出现大批喷洒脱叶剂的无人机飞手，他们是走上全新岗位的能手。新职业里有时代的新意。从供给的角度来看，新兴产业正成为新的经济增长点，为新职业形态的出现提供了无限可能，从而催生了大量新就业形态；从需求角度看，一些岗位本身就是需求的代名词，从度假房产咨询师到运动治疗师，从私人旅行线路定制师到游戏架构师，光听这些岗位的名字，就能感知到人们不断增长的美好生活需要。社会发展的巨轮，正是由不同行业的劳动者努力向前推动，而不断涌现的新职业，不仅为更多人提供了人生出彩的机会，更能激发中国经济创新驱动发展的潜能。

职业的更新换代既彰显了产业的新陈代谢，也与新技术的应用息息相关。比如说，人工智能、大数据和云计算的广泛运用，对从业人员的需求大幅增长，这是产业结构的升级催生高端专业技术类新职业；比如说，工业机器人的大量使用，对工业机器人系统操作员和系统运维员的需求剧增，这是科技提升引发的传统职业变迁；再比如说，农民专业合作社等农业经济合作组织发展迅猛，农业经理人应运而生，这是信息化的广泛应用衍生的新职业。可以说，新职业如同一面镜子，照见的是中国产业结构的升级换代，是中国经济不断实现自我迭代的内在活力，是中国经济迈向高质量发展的坚实步伐。

当然，一些新职业之所以降临，有赖于企业和个人的大胆探索，也离不开国家层面对新业态的包容和推进。比如，正是因为我国出台全球首个国家层面管理办法规范引领网约车发展，网约车司机最快速度拿到了运营资质；正是因为官方对电子竞技的认可，让电子竞技员、电子竞技运营师变成了正规职业。这也说明，新职业的培育需要全社会共同努力。当政府监管给予新业态、新模式更多空间，社会给予新事物、新职业更多包容，就能为新职业的生长提供更好的土壤。

进一步说，新职业的快速发展，更具有了稳增长、稳就业的意义。据《中国数字经济发展与就业白皮书（2019年）》显示，2018年中国数字经济领域就业岗位为1.91亿个，增速大大高于同期全国总就业规模增速。数字经济吸纳就业能力显著提升是显而易见的，一个典型例子是物流业。尽管智能物流大大降低了对分拣工的需求，看似"挤出"了一些劳动密集型岗位，但是"机器换人"后，大量物联网设备、机器人都有赖人工智能工程技术人员、工业机器人系统操作员部署、维护，更多人机合作的工种诞生了。正是在这个意义上，经济转型升级，或许顺势关上了一扇窗，但也会打开一扇更大的门。

新职业之所以总能引发关注，归根到底是因为它代表了新方向，展现出发展的新优势。可以预计，随着技术革命的加速推进、改革步伐的持续加快，更多高技术含量的新职业将接踵而至，连接起你我更美好的生活，描绘出中国经济的美好图景。

《人民日报》（2019年05月22日 09版）

人民时评

新业态,向未来开疆拓土

——感受中国经济"发展新优势"④

陈 凌

新业态,新技术,把一个新产业从无到有创造出来,向未知世界开疆拓土

新技术与传统产业的融合,能够让传统产业实现"老树新芽"的增量变革,让传统产业"新"起来,更让其"潮"起来

前不久,"中国品牌日"活动在上海举行,向全世界展示中国产品的魅力。全新的氢燃料电池汽车、可以边弹边录的智能钢琴、服务型智能机器人、用降解材料制作的中性笔……近200家自主品牌企业、13个自主品牌消费品体验区,以一系列面向未来的新产品,展示着中国经济新技术新业态新模式的蓬勃活力。

我们常说,科技是第一生产力。这实际上包含两层意思,一层是科技自身的创新,另一层则是新技术的应用,正是两者的共同作

用，为经济增长点燃了引擎。以此来看今日之中国，一方面，大数据、人工智能、5G等领域的新技术不断涌现、高速发展，为产业转型升级提供了坚实基础，打开了发展空间；另一方面，广阔的市场，巨大的人口规模，又为新技术落地生根提供了肥沃的土壤，为新业态活力的迸发提供了适宜的环境。如雨后春笋般兴起的新业态，不仅是中国经济活力十足的风向标，更是经济稳中有进、稳中向好的重要原因所在。

新业态，新技术，把一个新产业从无到有创造出来，向未知世界开疆拓土。比如，无论是家庭的服务型机器人，还是生产车间的智能制造，无论是自动驾驶技术的发展，还是"算法"应用的铺开，人工智能正在打开新业态的巨大想象空间。又如，移动支付引领支付体系、消费方式变革，金融大数据分析可直接为客户的风险画像，区块链开创着新的商业应用场景……数字技术正在重新塑造现代金融的运行方式。再比如，从网络约车到共享单车，从电商购物到网络众筹，平台经济的兴起，为新业态的生长提供了全新的孵化器。不断产生新业态、新模式，不断通过"创造性破坏"实现新的可能性，这正说明中国经济具有强劲的内生动力与创新动能，能够在已知世界的边缘向未知世界进发。

新业态，还表现为新技术与传统产业的融合，能够让传统产业实现"老树新芽"的增量变革。新业态信息化、数字化、智能化的特点，让越来越多的传统产业在拥抱"互联网+""智能+"的过程中萌发新芽、焕发活力。有这样一个案例，一家传统的服饰企业，利用云计算对门店进行数据化改造，不仅打通线上线下销售，随时跟踪各种尺码、款式产品的销售情况，还将门店销售的动态实时数据与工厂相对接，用数据优化供应链，实现快速跟踪市场变化、以销定产。当有的品牌还在为店铺租金上涨、人工成本走高头疼时，这家企业却在去年创下成立20多年以来的最好业绩。用消费端的数据逆向优化生产端的供给，农业种植运用大数据分析可以提升效率，化工生产运用云计算适时调整参数大幅降低成本……新业态不仅让传统产业"新"起来，更让其"潮"起来，进而为市场提供品类更多、品质更好、品牌更优的有效供给。

不仅如此，新业态的出现还具有自我生长的特点，每一种新业态的出现，都会为下一个新业态的出现奠定基础，从而激发着更多人的创新创业热情。有了移动互联网的发展，才有手机APP和"算法"推荐的兴起；有云计算、大数据的支撑，上亿人同时抢红包才具有可操作性；有地图导航、移动支付等技术支持，才会出现网络约车、共享单车等新业态。而这些新业态的不断涌现，反过来又为创业提供了新的舞台，新业态的出现因而不断自我加强。未来将会是一个"大、智、移、云、物"网络，大数据、人工智能、移动通信、云计算、物联网这些先进技术的落地运用，将打开未来的无限可能，让人们的生活更美好。可以说，新业态为创新创业孕育了一片热土，让创新的源泉进一步涌流，创业的活力进一步迸发，成为中国经济的繁盛景象。

"中国经济是一片大海，而不是一个小池塘"。势头强劲的新业态，无疑是一个力证。放眼当下中国，新技术层出不穷，新业态风起云涌，新模式百舸争流。这既是中国经济的活力所在，也是中国经济的底气所在。

《人民日报》（2019年05月23日　05版）

人民时评

新消费，提升美好生活体验

——感受中国经济"发展新优势"⑤

王 珂

新消费既有传统需求的转型升级，又有新兴需求的强势拉动；既有实物消费的持续火热，也有服务消费的快速崛起，推动中国消费需求的蛋糕不仅越做越大，而且越做越优

近日，第九个"中国旅游日"如期而至，恰逢周末，在全国3500多条旅游惠民措施作用下，大小景区游人如织，国内旅游市场迎来小阳春。在旅游消费的规模之外，消费方式的变化也引人注目：智能门票、智慧停车、扫码讲解等新服务的应用，给人们带来了全新的消费体验，成为消费升级的生动缩影。

中国的消费市场，正在以一个惊人的速度，发生日新月异的变化：移动支付的普及，让卖早餐的煎饼摊都用上扫码支付，给顾客带来更多方便；人脸识别技术的应用，把无人超市带到百姓身边，购

物体验再度刷新；智慧物流的不断升级，让网购配送速度从次日达，到当日达，再到定时达，配送时效持续改善；人工智能技术的发展，使无人机助力农业植保、电力巡检、物流运输等，新科技带来新便利……这些真实发生在每个消费者身边的场景，讲述着中国消费市场不断形成新需求、释放新体验的精彩故事。

新消费在不断提升人们体验的同时，也从一个侧面折射出中国经济增长的澎湃动力。去年，最终消费支出对GDP增长贡献率为76.2%，比上年提高18.6个百分点，高于资本形成总额43.8个百分点，消费连续5年成为拉动经济增长的主引擎。今年一季度，消费对经济增长的基础性作用进一步巩固。新消费背后，有强劲的需求做基础。近14亿人口的庞大市场、4亿多中等收入群体的强大购买力，是任何国家都无法比拟的巨大消费力量，成为支持中国经济可持续发展的最可靠保障。

新消费，除了消费方式、消费体验的"新"，更有消费结构的自我迭代、优化升级。有人注意到，无论是去年，还是今年一季度，中国社会消费品零售总额的同比增速，都没有达到两位数。事实上，这背后主要体现的是"消费结构优化中实物消费占比下降、增速回落"的发展规律。去年，我国服务性消费占总消费支出已经达到49.5%，这"半壁江山"在社会消费品零售总额中并没有体现。可以说，新消费既有传统需求的转型升级，又有新兴需求的强势拉动；既有实物消费的持续火热，也有服务消费的快速崛起，推动中国消费需求的蛋糕不仅越做越大，而且越做越优。

新需求背后，有优质供给做支撑。"漂洋过海去消费"，曾经是不少国内消费者的无奈之举，突显了国内市场有效供给不足的窘境。近年来，国内一些企业主动创新，从以前"闷头搞生产"到现在"拥抱新需求"，不断推出更合消费者口味的产品和服务；采用柔性制造技术，大批量个性化定制的产品，更好满足了多样化、个性化需求；人工智能、大数据引入生产，把消费者需求数据化，确保生产线上的产品就是人们需要的产品。可以说，新消费、新体验在满足消费者个性化、多样化、品质化需求的背后，正是新业态、新供给的不断形成，是供给水平的不断优化提升，反映着供给侧结构性改革的成效。

新消费背后，还有消费政策做保障。今年初，《进一步优化供给推动消费平稳增长促进形成强大国内市场的实施方案（2019年）》出台，多措并举促进汽车消费、促进农村消费提质升级、进一步优化消费市场环境等政策"大礼包"，为居民消费升级注入了新动力。近几年，消费市场的质量和标准体系逐渐改善，更加匹配消费提质扩容的需要；信用体系和消费者权益保护机制更加完善，为消费提供了更好的制度框架……在各方努力下，制约消费的障碍正逐步清除，消费的活力与红利将进一步释放。

消费关乎经济，更关乎民生。让人们更加能消费、愿消费、敢消费，就能让消费继续成为经济增长的压舱石，让新消费成为人民美好生活的亮色，让中国经济的发展更具韧性与活力。

《人民日报》（2019年05月24日　05版）

人民时评

新技术，占据创新制高点
——感受中国经济"发展新优势"⑥

余建斌

> 新一轮科技革命和产业变革正在重构全球创新版图，在新技术尤其是人工智能、空间技术等颠覆性、战略性技术上占据制高点，需要下好"先手棋"

北京地铁的南北向骨干线路16号线成为国内首条覆盖5G信号的地铁线路；重庆招募首批5G"体验官"，感受几秒钟下载一部1G高清电影等数字新体验……5月的世界电信日前后，5G成为最抢眼的技术新星，反映出人们对这种关系未来的新技术的热情期待。

新技术由发展需求孕育，也是经济持续增长的新引擎。融合机器人、数字化、新材料的先进技术加速推进制造业升级转型；以人工智能、物联网、区块链为代表的新一代信息技术加速突破应用；安全清洁高效的现代能源技术推动能源生产和消费革命……新技术一旦走出实验室，进入广阔的市场天地，就能释放出巨大的能量，推动新业态新模式的打开和蓬勃发展。

新技术能够提高生产效率，催生新动能。工业互联网集成了远程实时操控、虚拟现实技术协同、无人驾驶、高精度定位等前沿技术，不仅能进一步提升生产效率，还能代替人工适应更复杂恶劣的环境。而以物联网技术为神经中枢，一个建筑群可以变得"有生命"——钢结构、门板、水管、螺丝型号，电能消耗、用水量、空气质量等数据都可以"互联互动"；一个城市也能装上"智慧大脑"，对城市交通进行智能调度，有效调配公共资源。从深海深地探测、超级计算、人工智能等面向国家重大需求的高技术领域持续取得重大突破，到"互联网+"广泛融入各行各业，大众创业、万众创新蓬勃发展，科技进步贡献率提高到58.5%，体现着新技术对中国经济转型升级的牵引力。快速崛起的新技术正在深刻改变生产生活方式，成为中国创新发展的新标志。

新技术能够改变生活方式，带来新业态。看似普通的外卖行业，用上蕴含大数据、云计算、物联网、人工智能等高新技术的智能配送技术，通过对天气、路况、时间等统筹，在消费者、骑手、商家三者中实现最优匹配。新技术不仅催生新业态新模式，也更加精准传送高质量的服务。2018年，全国每百位手机网民中，超七成用手机购物和支付，近五成用手机订外卖和预订旅行；数字经济规模达到31.3万亿元，占GDP比重34.8%，供需两端"双升级"成为行业新一轮增长驱动力……随着信息技术快速迭代更新，数字经济在中国越来越多地触及生活的方方面面，正成为经济高质量发展的重要支撑。

新技术能够重塑力量对比，塑造新格局。新一轮科技革命和产业变革正在重构全球创新版图，重塑全球经济结构，在新技术尤其是人工智能、空间技术等颠覆性、战略性技术上占据制高点，需要下好"先手棋"。北斗卫星导航系统加速全球组网进程，相关应用产品已进入70多个国家和地区，GPS这个美国全球定位系统，不再是卫星导航的代名词。正是凭借技术创新，多家中国高科技公司跻身世界级科技巨头之列，中国北斗、中国高铁、中国核电等逐渐成为国家名片。紧紧围绕经济竞争力提升的核心关键、社会发展的紧迫需求、国家安全的重大挑战，把"先手棋"下好下实，才能积累起自己的新优势。

新技术的进步映照着创新的厚度和活力。研究与试验发展经费年均增速世界领先、投入强度逐年提升，为技术创新源源不断地提供着原始创新、基础研究的源头活水；体制机制的改革创新，为新技术真正有"用武之地"开辟通途。技术创新的浪潮奔涌向前，必将为推动高质量发展持续送上强劲动力。

《人民日报》（2019年05月27日　05版）

人民时评

新制造，让生产更加智能化
——感受中国经济"发展新优势"⑦

李 拯

新制造作为新一轮科技革命和产业变革的重要驱动力，正在中国大地掀起创新热潮

数字技术不仅能连接生产与消费，更能从内部改变生产自身的运行方式，在只动数据、不碰生产线的情况下优化生产效率

日前，第二十一届大连国际工业博览会开幕，聚焦"智能制造"、关注工业转型升级，成为本届盛会的一大亮点。智能化设备、3D打印技术、工业机器人、现代生物医药……4万平方米的展出面积，集中展示着智能化工业生产的发展潮流。如今，数字化进程正在重塑传统生产链，汇聚成中国新制造的强劲势能。

数字技术正在重新定义生产链条，自动化、数字化和智能化的新制造呼之欲出。在数字化车间，生产链条的各个环节进行积极的

交互、协作、感染与赋能，提高生产效率；在智能化生产线上，身穿深蓝色制服的工人与机器人并肩工作，形成了人机协同的共生生态；而通过3D打印这一颠覆性技术，零部件可以按个性化定制的形状打印出来……一家国际媒体曾这样设想第三次工业革命：软件更加智能，机器人更加灵巧，网络服务更加便捷。这样的趋势，正在越来越多的中国工厂中展现出来。

微观层面的创新活力，呼应着宏观层面的统计数据。超过200个数字化车间和智能工厂初步建成，工业机器人产量突破14万台，工业企业数字化研发设计工具普及率增至68%，有分析报告预计今年中国智能制造行业市场规模将突破1.9万亿元……这些数字说明，新制造作为新一轮科技革命和产业变革的重要驱动力，正在中国大地掀起创新热潮。

新制造，能够借助大数据与算法成功实现供给与消费的精准对接，从而实现定制化制造与柔性生产。比如，中华老字号"朱府铜艺"通过消费端数据分析，制造出更适合年轻人偏好的生活化铜雕制品，让传承了5代人的老品牌获得新生；再比如，申洲国际作为一家服装代工企业，得益于大数据等数字技术的赋能，能够对小批量、多批次的市场需求实时响应，实现了高利润、高增长和高市值。通过大数据和云计算分析，可以把线上消费端数据和线下生产端数据打通，运用消费端的大数据逆向优化生产端的产品制造，为制造业转型升级提供新路径。

事实上，数字技术不仅能从外部打通生产与消费，更能从内部改变生产自身的运行方式。比如说，阿里云的工业大脑借助机器学习等技术对数据进行建模，并传授给机器，让机器来帮助解决日常生产环境当中的问题。有这样一个直观的案例：一家太阳能电池片生产企业，把上千个参数传入"工业大脑"，通过人工智能算法，对所有关联参数进行深度学习计算，在生产过程中实时监测和调控变量，最终将最优参数在大规模生产中精准落地，大幅提升了生产的良品率。在光伏、橡胶、能源、通信、钢铁、石化、水泥等传统行业，通过大数据和云计算，可以在只动数据、不碰生产线的情况下优化生产效率。

展望未来，随着5G迈向商用，万物互联将会从愿景变为现实。而当生产过程中的人、设备、产品、物料等产生的即时海量数据能够连接起来，工业互联网平台将逐步搭建起来。在这样的平台，生产车间将变成各个环节合作共生的"有机生命体"，生产线将会像人一样思考。而随着人、机、物以及服务间的边界被打破，随着产品全生命周期的数字化和模型化，生产效率将得到质的飞跃。这正是工业互联网展现的新制造愿景，也是中国"互联网+制造"正在努力的方向。

中国的发展靠的是实体经济，中国的强大还要靠实体经济。在这次科技革命和产业变革中，与世界站在同一个起跑线上的中国，将抓住新工业革命的机会，用新制造推动中国经济的高质量发展。

《人民日报》（2019年05月28日　05版）

人民时评

新建造，挺起发展的脊梁
——感受中国经济"发展新优势"⑧

彭 飞

从量的积累到质的飞跃，从点的突破到系统能力的提升，中国新建造越来越大型化、标准化、工厂化、装配化，越来越有"科技范儿"

新建造不仅集中展示中国建造深厚的"硬功夫"，也在传递中国标准、中国服务等"软实力"

近日，北京大兴国际机场首次真机试飞成功，引发全世界对这个新建机场的关注。航站楼屋顶使用8000多块玻璃，且没有两块玻璃是一样的；采用国内首创的层间隔震技术，将成为全球最大单体隔震建筑；航站楼采取双进双出模式，让乘客换乘效率大大提高……北京大兴国际机场展现出中国新建造的气势与魅力，被国际媒体盛赞。

以新机场为代表的中国新建造，已经成为向世界展示中国的亮丽名片。拥有领先全球的"核心技术群",让中国成为世界上第一条高寒高铁、唯一热带地区高铁的建设者;身怀绝技的中国公路建设者,无论在高原冻土、膨胀土还是沙漠中,都无惧挑战;随着离岸深水港建设关键技术的突破,我国已经具备在任何海洋环境下都能建设港口的能力……从量的积累到质的飞跃,从点的突破到系统能力的提升,中国新建造越来越大型化、标准化、工厂化、装配化,越来越有"科技范儿"。

桥梁大师茅以升曾说过,"从一座桥的修建上,就可以看出当地工商业的荣枯和工艺水平。"新建造硕果累累,根本原因在于我国综合国力和科技水平的大幅提升。新建造,是在应对地理环境挑战中的自我超越,是在不断实践过程中的自我创新。在细砂喷涌的胡麻岭隧道,建设者开创了九宫格隧道挖掘法,为世界难题交上了完美的"中国答卷"。新建造,是在提升科技水平上的不懈追求,是不断给基础设施建设注入创新动能。在世纪工程港珠澳大桥施工中,上千名科技工作者开展专题研究300余项,获得发明专利授权逾百项、创建工法40项,打破了外国的技术垄断。中国建造者们拥有空前广阔的舞台,于干中学,在学中干,积淀下的技术、标准、经验乃至教训,都化为中国建造自信的基石,更挺起了国家发展的脊梁。

以基础设施建设为代表的中国建造,已经成为开展国际交往、加强国际合作的重要抓手和平台。新建造不仅集中展示中国建造深厚的"硬功夫",也在传递中国标准、中国服务等"软实力"。通过参与共建"一带一路",中国建造的足迹已遍及世界各地。从"世界最大规模全预制装配式桥梁"文莱淡布隆跨海大桥,到"东非地区首条现代化电气铁路"埃塞俄比亚首都亚的斯亚贝巴至吉布提铁路,再到"中欧陆海快线的重要支点"希腊比雷埃夫斯港,可以说,中国具有当今世界最完善的基础设施建设输出能力,中国建造正给世界各国人民带来现代化的基础设施。致力于提升标准线的中国新建造,不仅为世界各地的发展做出卓越贡献,也在很大程度上带动了工程设计、运营、咨询等横向产业的飞速进步。

建造是应用型技术,实践得越多、建造得越多,经验就越多、创新就越多,人才积累也就越多。新建造更是我国产业工人、专业技能人才、高级工程师的"摇篮"。在隧道开掘领域,采用盾构机进行施工是一种世界通用方法。我国曾经面临核心技术缺失、经验不足的问题,但随着我国在隧道挖掘中越来越多采用盾构法,中国工程师和技术工人苦钻技术,甚至不顾个人安危投入实践,在盾构机施工方法、盾构机刀头设计和加工等领域已经成为创新者、引领者。像这样从门外汉到专家、从学生到老师、从试水到精通的过程,在中国建造的各个领域十分常见。大江南北千千万万个施工现场,不仅是挥洒汗水的舞台,更是培育技术尖兵、大国工匠的生动课堂。也正因为有了人才的保障,中国建造才能更好地走向世界、走向未来。

上世纪80年代初,我国交通地图上还没有一条高速公路,平均路网时速仅30公里。谁能想到,今日一条条高速公路顺着壮美山川交错成网,中国能在全球交通建设舞台上收获一系列"世界第一"?中国建造所迸发的力量,不仅将为中华民族的伟大复兴铺就坚实路基,也将为世界发展、人类进步注入动力。

《人民日报》(2019年05月29日　05版)

影响总体可控　发展持续稳定

——国家发展改革委副主任宁吉喆就
美对我新一轮加征关税影响答记者问

人民日报记者　陆娅楠

美方于5月10日启动对约2000亿美元中国输美商品加征25%关税，并扬言对另外约3250亿美元中国输美商品加税。如何看待美对我新一轮加征关税影响？国家发展改革委副主任宁吉喆近日接受了新闻媒体联合采访。

美霸凌主义做法损人不利己

记者：您参与了多轮中美经贸磋商谈判，请您谈谈对中美经贸摩擦的看法和认识？

宁吉喆：中美经贸摩擦持续一年多，人们的认识越来越客观、理性和全面。我认为可以从三方面把握：

其一，中美经贸摩擦是自由贸易和保护主义的摩擦。中美经贸往来是在全球自由贸易大格局下形成的，双方互利共赢，不存在谁占便宜、谁吃亏。中国对美虽有顺差，但主要在货物贸易方面，服务贸易对美还有不小的逆差；中国对美出口商品中很大一部分是在华美资企业生产的，收入和利润归属美方。美国高举关税大棒，搞关税壁垒、出口管制、贸易和投资保护，任意否决他国合理诉求，这类保护主义做法，违背了贸易投资自由化便利化的基本原则。

其二，中美经贸摩擦是经济全球化和单边主义的摩擦。经济全球化是不可阻挡的潮流，虽然存在一些问题，但只有在继续推进经济全球化中解决。经济全球化要互利共赢，有问题大家商量，而不是搞单边主义，强调一国至上、本国优先，国内法大于国际法，搞长臂管辖，甚至随意制裁他国和他国企业，这与多边主义相违背。

其三，中美经贸摩擦是平等协商与霸凌主义的摩擦。中国坚持和平发展的外交方针、互利共赢的开放战略，和世界各国相互尊重，平等协商解决经贸投资中存在的问题。在与美磋商中，中方一直坚持通过对话合作解决。而美方在谈判过程中经常一方说了算、得寸进尺，大搞极限施压，随意提大单，甚至要求强制购买，往往令谈判无法顺利进行。这种霸凌主义做法既损人又不利己，对中国对美国都没有好处。

中方愿意本着相互尊重、合作互利的原则磋商，与美方相向而行、互利共赢，这个立场不会改变。中方的立场和做法是正义的，而正义的立场和做法是不可战胜的。

中美经贸摩擦对中国经济影响总体可控

记者：您如何评价一年多来中美经贸摩擦对中美两国经济的影响？

宁吉喆：去年3月以来，美方单方面挑起经贸摩擦。党中央高度重视、周密部署，各地方各部门围绕做好"六稳"工作，采取一系列针对性措施。从目前看，中美经贸摩擦对中国经济影响总体可控，中国经济运行保持在合理区间，呈现总体平稳、稳中有进的态势。

一是经济增长稳。去年中国经济总量突破90万亿元，同比增长6.6%；今年前4个月经济运行保持稳定，其中一季度经济增长6.4%，与去年四季度持平，总体平稳、好于预期。

二是实体运行稳。实体经济运行指标表现强劲。4月日均发电量同比增长6.5%，增速比一季度提高1个百分点。交通运输总体平稳，全社会货运量较快增长，铁路货运增速明显加快，港口吞吐量平稳增长。天然气消费持续旺盛。

三是劳动就业稳。去年中国实现城镇新增就业1361万人；今年前4个月城镇新增就业459万人，达到全年预期目标的42%。4月城镇调查失业率为5%，比上月下降0.2个百分点，31个大城市调查失业率也是5%，下降0.1个百分点，连续2个月下降。

四是市场物价稳。去年居民消费价格温和上涨2.1%；今年前4个月，居民消费价格上涨2%，保持在合理区间。预计今后一段时期，物价还将继续保持总体稳定。

五是国际收支稳。去年以人民币计价的进出口比上年增长9.7%，其中出口和进口分别增长7.1%、12.9%。在较高基数上，今年前4个月进出口同比增长4.3%，其中出口增长5.7%，进口增长2.9%。外汇储备保持在3万亿美元以上。

关于中美经贸摩擦对美国经济的影响，据有关方面初步测算，在中美经贸摩擦进一步升级情形下，相互加征关税措施可能造成美国经济增速回落0.2个百分点，居民消费价格提高0.5个百分点；如果摩擦全面升级，相互加征关税措施可能造成美国经济增速回落0.5个百分点，居民消费价格提高1.5个百分点。摩擦还会影响世界经济稳定，伤及无辜。

中国经济平稳健康可持续发展具备充足支撑条件

记者：在经贸摩擦升级的背景下，中国经济能不能稳得住？下一步稳增长压力更严峻，中国经济保持平稳健康可持续发展有哪些支撑条件？

宁吉喆：中国经济平稳健康可持续发展具备充足的支撑条件。一是内生动力足。经过多年转型，中国经济增长已主要依靠内需拉动。2018年内需对经济增长贡献率达108.6%，其中，最终消费贡献率达76.2%，今年一季度消费贡献率也在65%以上，成为经济增长的第一驱动力。营商环境不断优化，企业创新创业创造积极性持续提高。今年前4个月，新登记企业数日均达1.86万户。

二是市场潜力大。中国有近14亿人口，超过全球发达经济体人口总和，居民消费升级趋势明显。作为发展中国家，区域、城乡发展存在差距，而差距正是潜力所在。去年中美货物贸易占中国全部对外贸易的七分之一，国际市场回旋余地大。

三是转型升级空间广。中国产业链齐全、构成多元，具有极大弹性与韧性。制造业提质增效步伐加快，高技术制造业、装备制造业增加值增速持续高于全部工业增速；服务业在经济总量中占比稳步提升，去年第三产业增加值占国内生产总值比重达52.2%，对经济增长贡献率接近60%。

中国企业适应市场变化的能力、开拓市场的能力和科技创新能力逐步增强，涌现出一批具有较强市场成长性的瞪羚企业、独角兽企业，已经形成一些具有较强国际竞争力的骨干企业和跨国公司。

中国持续加大科技投入，2018年全国研究与试验发展经费近2万亿元，投入强度为2.18%，超过OECD国家平均水平。

围绕"六稳"加快落实政策措施

记者：国家发改委此前表示，对各种情况都已准备了预案。未来会有哪些措施应对市场变化和压力？

宁吉喆：目前正有条不紊推动各项应对工作，不断充实政策储备。下一步将围绕"六稳"加快落实一批新的政策措施。我们有信心、有条件、有能力保持经济持续健康发展和社会大局稳定。

一是稳就业。一方面通过创业带动就业，深入推进实施"双创"升级版，大力发展新产业新业态，提供更多就业岗位；另一方面，加大重点群体就业帮扶，强化大学生创新创业教育培训，深入实施高校毕业生就业创业促进计划和基层成长计划，实施新生代农民工职业培训计划，实施青年就业启航计划，抓紧落实高职院校扩招100万人计划。

二是稳外资。采取措施创造更加开放、友好的外商投资环境。6月底前，出台2019年版外商投资准入负面清单，负面清单只做减法、不做加法。还将出台2019年版鼓励外商投资产业目录，特别对中西部地区会有进一步鼓励政策。同时，继续开展重大外资项目服务工作，正在推进一些制造业大项目，涉及新能源汽车、新型石化等领域，项目规模从几十亿美元到上百亿美元。还将优化公平的市场环境，在准入前阶段，年底前全面取消外资准入负面清单之外限制，确保市场准入内外资标准一致；在准入后阶段，确保中国境内注册的内外资企业公平待遇。此外，抓紧制定外商投资法配套法规，草案将按照立法程序公开征求意见。

三是稳投资。重点是加快中央预算内投资安排使用，目前今年5776亿元中央预算内投资已下达89%，可以带动几万亿元社会投资。加快补齐基础设施、公共服务等短板弱项，实施制造业技术改造和设备更新，适当降低基础设施等项目资本金比例，推进电信、互联网领域新型基础设施建设，推动重大区域战略项目，建立健全吸引民间资本投资重点领域长效机制。同时，还要加快落实汽车、家电、信息、养老、育幼、家政等领域促进消费政策。

四是稳预期。信心来源于实力。短期内外部环境变动可能会影响市场预期，但从更长时期看，市场信心主要与经济发展前景有关。我国经济能够保持平稳健康可持续发展态势，市场信心一定会不断增强。4月份，制造业采购经理指数为50.1%，连续2个月保持在荣枯线以上，非制造业商务活动指数连续4个月位于54%以上的较高扩张区间，近期消费者信心指数也创多年来高点。下一步，将聚焦市场主体普遍关切，释放更加清晰稳定的政策信号，强化政策评估和沟通，加强对宏观经济政策的推介解读，提高政策透明度和可预期性。

综合看，中美经贸摩擦升级对中国经济虽有影响，但中国经济发展的基本面是好的。只要保持战略定力，增强必胜信心，敢于担当、善于运筹，集中精力办好自己的事情，一定能将美国升级经贸摩擦的不利影响降到最低，实现经济平稳健康可持续发展。

《人民日报》（2019年05月25日　06版）

我国将坚定不移推进制造业高质量发展

——工信部副部长王志军就 美对我新一轮加征关税影响答记者问

人民日报记者　王　政

近日，美方启动对约2000亿美元中国输美商品加征25%关税，并以"国家安全"为幌子，突然发布针对中国华为等公司的限制交易令，这一系列行为让全球哗然。

美方对我国企业和产业的"围堵""封锁"是否会"奏效"？如何看待新一轮加征关税对我国制造业的影响？工信部副部长王志军近日接受了新闻媒体联合采访。

1　加征关税对我国制造业影响总体可控

记者：美方新一轮加征关税会对我国制造业产生何种影响？

王志军：据统计，对美约2000亿美元出口商品占2018年我对美出口额的41.8%，但只占我对外总出口额的8%。在一定程度上，加征关税会导致企业经营成本增加、竞争力下降和订单减少,但目前看影响总体上是可控的。

也应看到,在受到约2000亿美元加征关税影响的企业中,外资企业数量约占50%。其中很多外资企业是美国企业,这些美国企业的产品很大部分的市场是美国。可以说,美国加征关税行为,影响的不仅是中国企业和消费者的利益,也伤害美国企业和消费者的利益,更危及全球产业链和供应链的安全。

记者:美方称,对中国商品加征关税将导致一些企业从中国搬迁到其他亚洲国家,一些美国企业还将搬回美国。请问您怎么看?中国如何应对加征关税对产业链带来的负面影响?

王志军:当前,确实有一些企业从中国搬迁或转移到其他地区,有的是因劳动力成本上升等做出的选择,有的则是出于企业全球经营布局的考虑。我们一直尊重企业的自主选择,鼓励企业根据自身情况做出决策。

应当看到,中国已形成较为完备的基础设施、配套产业体系,营商环境不断优化,新技术新业务应用活跃,消费市场正在升级,前景广阔,依然是全球最具吸引力的投资目的地。

今年1至4月,我国制造业实际利用外资同比增长11.4%。包括特斯拉、巴斯夫在内的一些企业正加大对我国的投资力度。这充分显示了外国投资者对我国经济的坚定信心。我国一如既往欢迎外国企业来华投资,我们也将继续为外国投资者提供更加稳定、公平、透明、可预期的投资环境。

下一步,我们将进一步实施好"六稳"政策,帮助企业解决短期内面临的困难;进一步推动制造业全方位高水平对外开放,继续深化"放管服"改革,着力优化营商环境;进一步推动产业转型升级,加大传统产业技术改造力度,大力培育和壮大新兴产业,推动经济高质量发展。

2 芯片产业取得突破,将坚持机遇共享开放合作

记者:我国芯片产业发展如何?美相关举措对我芯片和下游应用产业将有哪些影响?

王志军:自2012年以来,我国集成电路产业以年均20%以上的速度快速增长,2018年全行业销售额6532亿元,技术水平也不断提高。

当前,我国芯片设计水平提升3代以上,海思麒麟980手机芯片采用了全球最先进的7纳米工艺;制造工艺提升了1.5代,32/28纳米工艺实现规模量产,16/14纳米工艺进入客户导入阶段;存储芯片进行了初步布局,64层3D NAND闪存芯片预计今年下半年量产;先进封装测试规模在封测业中占比达到约30%;刻蚀机等高端装备和靶材等关键材料取得突破。当然,与国际先进水平相比,我国集成电路的总体设计、制造、检测及相关设备、原材料生产还有相当的差距。

集成电路产业是高度国际化的产业,没有哪个国家能够独立发展集成电路产业。近期美国一系列举措,粗暴干涉国际集成电路产业正常秩序,打乱了正常的国际分工体系,降低了资源配置效率和产业发展速度,破坏了世界集成电路产业平稳发展。这些举措是对其标榜为市场经济体制的极大讽刺。我们再次敦促美方,停止以安全风险为由对中国企业进行的无理打压,还中国企业在世界包括美国在内开展正常的投资、经营等活动公平、公正的环境。

下一步,我国将更大范围更深层次地融入全球集成电路产业生

态体系。坚持开放创新合作发展，推进产业链各环节开放式创新发展。坚持优化环境、机遇共享，对内外资一视同仁，加强知识产权保护，与全球集成电路产业界共同分享中国市场带来的发展机遇。

3 我国工业稳中向好，中高端增长较快

记者：当前，我国工业运行态势如何，呈现哪些特点？

王志军：随着中央部署的适时适度加强逆周期调节和"六稳"措施的效果显现，货币信贷、社会融资规模保持合理增长，减税降费政策落地实施，极大增强了企业的信心，工业经济运行保持了总体平稳、稳中有进的态势，主要指标保持在合理区间，市场预期明显提升，实现了平稳开局。

从增速看，工业生产总体平稳。尽管4月规模以上工业增加值同比增长5.4%，与3月相比回落明显，主要原因是4月制造业增值税税率下调，一些企业为充分享受抵扣政策，在3月提前备货、增加生产。从前4个月情况看，规模以上工业增加值增速高于全年工业增长预期目标。

从结构看，中高端制造业增长加快。4月高技术制造业增长11.2%，高技术制造业投资增长11.4%，具有较高技术含量和较高附加值的工业新产品产量保持快速增长。3D打印设备、移动通信基站设备等产品产量增速均保持在30%以上。

从地区看，中部地区保持较快增长。4月份中部地区工业增加值同比增长7.7%，比去年同期加快0.2个百分点，高于整体工业2.3个百分点。其中，湖北、江西、湖南工业增加值增速分别达9.6%、9.5%和8.5%。

从预期看，企业发展信心持续改善。全面实施小微企业普惠性税收减免、大幅放宽小微企业所得税优惠标准并提高增值税起征点，清理拖欠民营企业中小企业账款，政策红利逐步释放。4月PMI已连续2个月处于景气扩张区间，企业对未来市场前景总体乐观。

下一步，我们将坚定不移推进供给侧结构性改革，推动落实好减税降费举措，优化供给结构引导释放内需增长潜力，加快培育壮大新动能和优质企业，实现工业经济平稳运行和制造业高质量发展。

4　将坚定不移扩大制造业开放，加强核心技术攻关

记者：在工业领域，我国会有哪些继续扩大开放的举措？

王志军：按照党中央决策部署，制造业开放步伐不断加快。2018年修订出台的外商投资准入两个负面清单中，开放了飞机、船舶等重大装备，明确了汽车开放时间表，取消了稀土等矿产资源冶炼环节对外资的限制，一般制造业已全面开放。

下一步，我们将持续推进和提升工业领域对外开放水平。一是全面实施准入前国民待遇加负面清单管理制度，落实飞机、船舶、汽车、电信等领域的开放政策；二是推动修订全国和自贸试验区外商投资准入负面清单，进一步缩减负面清单条目；三是扩大鼓励外商投资的领域和范围，推动重大外资项目加快落地实施；四是坚持内外资企业"一视同仁"原则，深化"放管服"改革，全面清理取消负面清单以外领域对外资的准入限制，构建"内外一致"、公平竞争的市场环境。

记者：工信部将出台哪些具体举措加快制造业核心技术攻关？

王志军：此次中美经贸摩擦使我们更清醒认识到，必须持之以恒

解决我国关键核心技术"卡脖子"问题。工信部将加强与有关部门的政策协同，积极发挥企业的主体作用，大力推进关键领域核心技术攻关。

一是坚持市场机制与政府作用相结合，发挥市场对技术研发方向、路线选择及各类创新要素配置的决定性作用，同时引导创新要素更多投向核心技术攻关，加快培育一批竞争力强的主导企业和"专精特新尖"的中小企业，大力营造公平竞争的市场环境。

二是坚持产学研用紧密结合，构建全产业链协同创新的生态体系。把提升原始创新能力摆在更加突出位置，加大中央财政对基础研究的稳定支持力度，组建产学研用联合体，推动体制机制创新，开展核心技术攻关。

三是坚持深化开放合作与立足自力更生相结合，更好利用国际国内两种资源提升科技创新实力。我们将不断拓展互惠合作的范围、层次和方式，更高层次地融入全球产业链、创新链。同时做好自力更生、自主研发，努力推动解决制约我国产业发展的重大技术问题。

《人民日报》（2019年05月26日　02版）

"央企有信心、有决心、有能力应对外部各种风险和冲击"

——国务院国资委副主任翁杰明就美对我新一轮加征关税影响答记者问

新华社记者　王　希　许　晟　人民日报记者　刘志强

近日，美方启动对约 2000 亿美元中国输美商品加征 25% 关税，并威胁对另外约 3250 亿美元中国输美商品加税。

美方不断升级中美经贸摩擦，会否给中央企业稳健运行带来较大冲击？作为中国特色社会主义经济的"顶梁柱"，国有企业将如何应对外部发展环境的变化？国务院国资委副主任翁杰明近日接受了记者采访。

1　影响有限总体可控　央企有信心应对外部变化

记者：美方新一轮加征关税会对我国中央企业带来何种影响？

翁杰明：美方不断升级中美经贸摩擦，对中美经济都不利，对世界经济也会产生不利影响。从中央企业情况看，也会带来一定影响，但影响有限、总体可控。

从诞生之日起，自力更生、奋发图强就是国有企业的底色，正是秉持这一优良传统，在新中国成立后一穷二白的基础上，国有企业为我国建立独立的相对完整的工业体系，为保证国家能源资源供给，都发挥了不可替代的重要作用。

改革开放特别是党的十八大以来，国有企业不断在开放中成长、在发展中壮大，内生活力不断显现，发展质量不断增强，形成了雄厚的物质基础。特别是在国内外竞争中涌现出一批具有核心竞争力的骨干企业，在载人航天、探月工程、深海探测、高速铁路、特高压输变电、移动通信等领域取得了一批具有世界先进水平的重大科研成果。目前国资委监管的央企资产总额达到58万亿元，去年48家央企进入了《财富》世界500强榜单。

经过多年努力，中央企业已和全球180多个国家和地区的企业开展全方位合作。东方不亮西方亮。相信这些合作互利共赢的效果将不断显现，进一步拓展企业的国际发展空间。

总之，在以习近平同志为核心的党中央坚强领导下，有中国特色社会主义制度的优越性，有改革开放40年来积累的雄厚实力，央企有信心、有决心、有能力应对外部各种风险和冲击。

2　稳的基础在巩固　进的力量在增强

记者：当前中央企业运行态势如何？呈现哪些特点？

翁杰明：中央企业大多处于关系国家安全和国民经济命脉的重要行业和关键领域，中央企业稳了，我国经济整体上就有了支撑。今年1至4月，央企运行态势良好，可以用两句话概括——稳的基础在巩固，进的力量在增强。

稳的基础在巩固，首先体现在经济运行的基本面稳健。前4个月，央企累计实现营收9.2万亿元、净利润4356.8亿元，分别同比增长6.3%和13%。净利润增速明显快于营收增速，体现出央企转向高质量发展的特征。稳的基础在巩固，还体现在实体经济运营稳健。1至4月，中央工业企业实现净利润2393.1亿元，同比增长13.6%，高于央企平均增幅0.6个百分点，工业企业增利额占央企净利润增量比重达57.2%。

进的力量在增强，有效投资大幅增长。1至4月央企完成固定资产投资5474亿元，同比增长10.8%，其中高技术领域投资占投资总额的66.9%。今天的投资就是明天的产出；今天高质量的投入，就是明天高质量的收益。

同时，为贯彻落实党中央、国务院决策部署，央企执行降电价和提速降费两项政策，今年将向社会让利约1800亿元，这将有效减少社会用能成本，为其他经营者的发展打开更大空间。综合研判当前形势，我们有信心将稳定增长的运行态势保持下去。

3　无论风云如何变幻　关键是做好自己的事

记者：有观点认为，应对中美经贸摩擦需要做好打持久战的准备，对此中央企业将采取哪些措施？

翁杰明：我国发展仍处于并将长期处于重要战略机遇期，经济健康发展的基本面没有改变。在这种大背景下，应对中美经贸摩擦，对于国企来说最重要的是要把自己的事情做好。要苦练内功、强身健体，加快推进国企改革发展各项工作。要扩大开放、合作共赢。

具体工作主要包括如下几个方面：

要密切跟踪研判形势、积极妥善应对。要做好经济运行监测和动态分析，咬住全年目标不放松，同时进一步加强央企之间，央企与地方国企、民营企业、外资企业之间的合作，取长补短、相互促进，共同把国内产业链生态圈做强做大，增强整体抗风险能力。

要强化自主创新、补齐技术短板，牢牢把握发展主动权。实践证明，关键核心技术是要不来、买不来、讨不来的。今后要加大研发投入力度，加快科技成果转化应用。要创新体制机制，在人才队伍、业绩考核、工资总额、国有资本经营预算等方面加大对企业科技创新的引导和支持。

要大力调整结构、加快转型升级，推动企业高质量发展。要聚焦实业主业加快制造业转型升级，始终把发展的着力点放在实体经济上；要把制造业高质量发展放到更加突出的位置；要推进战略性重组和专业化整合，该退就退、应进则进，加快推动国有资本向符合国家战略的重点行业、关键领域和优势企业集中；大力发展战略性新兴产业，快速提升产业发展能力。

要持续深化改革、扩大对外开放，不断增强企业发展动力和活力。我们将狠抓改革举措落地，以增强活力、提高效率为中心，加快推进重点领域改革；以管资本为主加强国有资产监管，加大自身改革力度；同时还将不断深化开放合作，以共建"一带一路"为重点，高质量推进沿线重点项目建设。

4　寻找更多利益契合点　坚持高水平对外开放

记者：贸易摩擦增加了外部环境的不确定性，国有企业对外开放的步伐是否会放缓？

翁杰明：国有企业特别是中央企业在深化改革中扩大对外开放，实施"走出去"战略、推进国际化经营、参与"一带一路"建设，是适应经济全球化的正确抉择。中央企业的发展过去靠改革开放，未来还要靠改革开放。

我们将继续鼓励央企高质量对外开放合作，支持央企在改革发展、结构调整、科技创新等方面加强与世界各国企业的交流合作，特别是在产业链、价值链的中高端环节，在战略性、前瞻性产业和高科技领域，找到更多利益契合点和经济增长点。

一是在共建"一带一路"方面与各方深化合作。目前，85家央企在"一带一路"沿线实施约3000个项目。我们将继续支持央企在基础设施建设、装备制造和产能合作、科技创新等领域，与沿线各国政府和企业加强合作，也真诚欢迎各国企业与央企携手开发第三方市场。

二是在改革发展方面与各方深化合作。国企改革是市场化的、开放式的改革，在坚持中国特色现代国有企业制度前提下，欢迎国内、国外各类所有制企业积极参与改革，通过股权投资、合作基金等多种方式，不断深化在科技创新等方面的战略合作，共同探索各类所有制经济深度合作的路径与模式。

同时，在扩大开放过程中，我们鼓励央企主动同行业领先企业对标，坚定不移强化管理提升，坚定不移抓好合规经营，严格遵守项目所在国法律法规及国际经贸规则等各方面要求，树立中国企业海外良好声誉形象。

5 中国法律没有专门针对国企补贴的规定

记者：您怎么看外界对中国国企的市场主体地位、补贴和产业政策等方面的各种质疑?

翁杰明:中国的国有企业是独立的市场主体,自主经营、自负盈亏、自担风险、自我约束、自我发展,平等地与其他所有制企业参与市场竞争,同等受到法律保护。

我们曾经专门对补贴问题开展过梳理,可以讲,中国法律法规没有专门针对国有企业补贴的规定,中央企业也没有基于所有制的补贴。对于产业补贴,有关部门正在开展清理、规范工作,这将有利于为不同所有制、不同规模的各类企业营造公平的市场环境。

产业政策是一种推动经济发展的政策工具。无论是英国、德国、美国,还是日本和韩国,都广泛使用产业政策来实现其经济发展目标。过去5年里,有84个国家制定了明确的产业发展战略,这些国家的GDP占全球GDP的90%左右。

未来我们将进一步深化国企改革,坚持政企分开、政资分开、所有权与经营权分离,尊重和落实企业的市场主体地位,支持各类所有制企业公平参与市场竞争;坚持走法治化道路,大力推进合规经营,无论在国内还是在其他国家,国有企业都必须严格遵守当地法律。此外,对于因不了解中国国企实际情况而产生的疑虑,我们要通过更多积极主动的交流,加大宣介力度,及时澄清误解。

《人民日报》(2019年05月31日 02版)

有能力有信心保障重要农产品供给

——中央农办副主任、农业农村部副部长韩俊回应美对我新一轮加征关税焦点问题

新华社记者 于文静 人民日报记者 高云才

随着美方日前对约 2000 亿美元中国输美商品加征 25% 关税,中国对自美进口的部分农产品再次采取反制措施。自中美贸易战以来,农产品进出口一直受各方高度关切。加征关税对中美两国农业带来哪些影响?进口大豆缺口如何弥补?国内食品价格是否会因此上涨?日前,中央农村工作领导小组办公室副主任、农业农村部副部长韩俊就相关问题接受了记者采访。

1 美国农民不可承受失去中国市场

据韩俊介绍,美方在其 301 条款下对中方发起两轮加征关税措施。作为反制措施,中方对美方出口农产品也加征了关税。

第一轮措施涵盖的农产品约占 2017 年美国向中国农产品出口额

的 87%，于 2018 年 7 月 6 日实施加征 25% 关税；第二轮措施涵盖的农产品约占 12%，于 2018 年 9 月 24 日实施加征 10% 关税。随着美方提高加征税率，中方也于 2019 年 6 月 1 日起把第二轮措施加征税率最高提高到 25%。

"可以说，美国出口到中国的几乎所有农产品，都因为美方率先发起的贸易战而被加征了反制关税。"韩俊表示。

他说，中国是美国最重要的农产品出口国之一。2017 年美国对中国农产品出口额为 240 亿美元。受中美贸易摩擦影响，去年美国大豆对中国出口减少 1621 万吨，遭遇"腰斩"；去年下半年至今年第一季度，美国对中国农产品出口额为 62.5 亿美元，同比下降近七成，其中大豆同比减少 87%，谷物减少 95.5%，棉花减少 43.6%。

中方的反制措施造成美国农产品库存高企、市场价格大幅下跌、农场收入严重缩水。虽然美国先后出台了两轮农业援助计划，但失去中国市场是美国农民不可承受的，因为这个市场一旦失去就会被其他国家填补。

他强调，如果美国不取消全部加征关税，中美农产品双边贸易，包括大豆贸易不可能恢复正常。一旦失去中国这个市场，想重新获得份额很难，这一点美国农业界很清楚。

2 减少进口美豆不会影响国内供应

大豆是中国食用油的主要原料，也是养殖业的重要饲料来源。正常年份中国每年从美国进口 3000 多万吨大豆，约占进口大豆总量的 1/3。

对此，韩俊表示，在自美大豆进口大幅减少的情况下，中国有能力、有信心通过丰富的政策工具和多元的供应来源，保障国内供需平衡：

——实施国产大豆振兴计划。引导多途径扩大种植面积，推广高油高蛋白大豆新品种，到2020年全国大豆种植面积有望扩大到1.4亿亩，产量增加到接近1900万吨。

——拓展多元化进口渠道。国际大豆贸易竞争性非常强，中国可以扩大从南美、俄罗斯等国家的进口。

——引导多元化饲料消费需求。农业农村部已部署加大低蛋白日粮应用技术研发与示范推广支持力度。据测算，在全国畜禽养殖中推广应用低蛋白日粮，将豆粕在饲料中比重由前期的21%降至18%，可减少豆粕用量约1100万吨，折合大豆约1400万吨。

——保障国内食用植物油稳定供应。大力发展油菜、花生、油茶等替代油料生产，鼓励特色健康小品种食用油消费，形成更加多元化的食用油消费格局。

韩俊说，去年以来中国大豆需求量已减少。去年进口总量为8803万吨，同比下降7.9%，进口减少751万吨。今年1至4月份，大豆进口继续减少，进口总量为2438.9万吨，同比下降7.9%。在总需求下降的情况下，我国完全可以保障国内大豆供需平衡，确保市场运行总体平稳。

他还表示，因为资源禀赋原因，我国大豆主要依靠国外市场的局面不会改变。中国愿意扩大开放，愿意和所有国家做生意。

3　全方位开拓农产品出口国际市场

针对中国农产品出口美国的影响和应对问题，韩俊说，美方在其 301 条款下对中方发起了两轮加征关税措施,其中针对中国农产品出口的措施集中在第二轮,主要包括水产品、水果、蔬菜等特色优势产品。

受加征关税影响,去年第四季度到今年第一季度,中国对美国的农产品出口出现了一定程度下降,出口额为 36.3 亿美元,同比减少 8.8%。

分产品看,中国对美出口水产品为 14.7 亿美元,同比减少 6.6%;对美出口水果 3.5 亿美元,减少 19.8%;出口蔬菜 4.7 亿美元,减少 16.4%。

随着美方第二轮加征关税措施自 5 月 10 日起由 10% 提高到 25%,预计水产品、水果、蔬菜对美出口可能出现进一步下降。

不过,东方不亮西方亮。韩俊说,中国一方面继续加大力度开发东盟、日本、欧盟等传统市场的潜力,另一方面强化与"一带一路"国家的贸易投资合作,积极开拓新兴替代市场。

同时,鼓励企业大力拓展国内市场,满足人们对优质水产品和果蔬的需要,力争把美国加征关税影响降到最低。

4 部分食品价格上涨可控

最近,部分农产品价格出现较大幅度上涨,比较突出的是水果、猪肉和鸡蛋。

韩俊分析说,这主要是受前期气候、疫病等不利因素影响,具有一定的季节性和周期性,与中美经贸摩擦没有直接关系。

他表示,水果价格涨幅大主要是因为苹果、梨主产区去年春季遭受倒春寒天气,减产幅度较大,加上今年春季南方荔枝等部分热带水果减产，市场青黄不接导致水果价格持续走高。后期随着西瓜、甜瓜、桃等夏季时令水果大量上市，预计水果价格将总体回落。

猪肉价格上涨是去年8月以来非洲猪瘟疫情与周期性因素叠加，导致育肥猪和能繁母猪存栏持续下滑，导致市场供给阶段性偏紧。中央已出台扶持政策，引导鼓励补栏增养。近期养殖户补栏积极性提高。同时，中国可以增加猪肉进口，很多国家都有向中国增加猪肉出口的意愿。

韩俊认为，总体来看我国农产品供给有保障，食品价格上涨可控。粮棉油糖等大宗农产品生产形势好、库存足、价格稳，蔬菜、水产品等鲜活农产品供给充裕。今年全国夏粮生产形势较好，夺取全年粮食和农业丰收有较好基础。

5 扎实做好农民工稳就业工作

中美贸易战对我国部分制造业企业、特别是出口型企业在短期内有一定影响，这是否波及农民工就业？对这一问题，韩俊强调，我国有2.88亿农民工，打工收入是农民的重要收入来源。中央提出"六稳"，头一稳就是"稳就业"。

他说，短期看，部分出口企业可能会出现减产，一些企业向海外转移产能和订单可能会加快，这对农民工就业会有一定影响。按照党中央、国务院的决策部署，防止出现大规模失业和群体性失业，是今年就业创业工作的一条红线，必须坚决守住守好。

对此韩俊指出，一方面要大规模开展农民工职业技能培训，提高他们转岗转业能力。劳务输入省份特别是东部沿海省份要主动担当，帮助农民工尽量留在就业地，防止出现大规模返乡潮；另一方面，要多渠道帮助农民工就地就近就业创业，包括发展特色种养、开展农产品精深加工销售、发展乡村旅游等。

他还表示，近年来农民工返乡就业创业已成常态化趋势。在农业农村稳定向好发展的大背景下，农村对很多农民工、大学生等群体越来越有吸引力。目前全国有780万人返乡下乡开展创业创新，要为他们就业创业提供充分的服务，提高其创业成功率，带动更多农村劳动力就地就近就业。

"越是在经济形势复杂的时候，'三农'工作的重要性就越凸显。我们有信心把'三农'这个战略后院守好，把'压舱石'的作用发挥出来。"韩俊表示，今年中央一号文件对今明两年"三农"工作作出部署，一系列含金量高的政策正在落实，农业农村部将主动应对外部变化和挑战，巩固粮食和农业农村发展的好形势，为稳定经济社会大局提供有力支撑。

《人民日报》（2019年06月02日　02版）

中国资本市场韧性在增强 抗风险能力在提高

——证监会主席易会满就美对我新一轮加征关税影响答记者问

新华社记者 刘 慧 人民日报记者 许志峰

美国近期再度升级中美经贸摩擦。这将如何影响中国资本市场的运行发展？未来资本市场的改革开放又将如何进一步推进？科创板的推出是否会受到影响？证监会主席易会满近日接受了记者采访。

1 市场已逐步消化中美经贸摩擦影响

记者：近期美国再度宣布对中国加征关税，是否会影响中国资本市场的运行？当前资本市场风险是否可控？

易会满：总的来看，中美经贸摩擦对资本市场影响是客观存在的，但程度是可控的。从一段时期市场运行情况看，资本市场已经逐步消化和反映了中美经贸摩擦的影响，说明资本市场韧性在增强，抗风险能力在提高，市场理性意识提升，市场生态更加有效，我们完全有信心维护资本市场平稳健康发展。

从国内经济基本面看，稳中向好的态势没有变，一系列深化改革开放和提振实体经济的政策举措正逐步落地，有利于稳定投资者预期。中国拥有完整的产业链、齐备的生产要素、庞大的国内市场，中国经济长期稳定向好，如果全球哪一个国家哪一个领导人不重视近14亿人口的市场是不理性、不理智的。

从A股市场自身看，也具备稳健运行的基础：

一是市场估值处于历史低位。上证综指市盈率为13倍，沪深300、上证50市盈率分别为12倍和10倍，比美国道琼斯等全球主要股指都要低。

二是杠杆风险得到有效控制。目前，包括场内融资和结构化资管产品在内的股市杠杆资金约1.2万亿元，较2015年最高时下降近80%。

三是资本市场改革加快推进。设立科创板并试点注册制改革已进入关键阶段，这项改革将在关键制度创新上实现突破，进而带动资本市场全面深化改革。

四是资本市场开放力度持续加大。今年，相关机构监管的开放措施逐步落地。随着A股正式纳入MSCI指数并逐步提升纳入比例，富时罗素也将于近期正式将A股纳入其指数系列，表明国际投资者看好A股市场前景。

从防范和化解市场风险看，经过去年集中开展的深化金融乱象综合治理，特别是资管、同业等影子银行的综合治理，避免了风险的进一步积累。我们积极会同有关部门平稳有序推进股票质押、债券违约、私募基金等资本市场重点领域风险化解。目前，有关风险处置工作已经取得阶段性的成果。一是股票质押融资风险可控。股票质押融资触及平仓线的市值比例很小,股票质押融资的潜在风险是可控、可承受、可预期的。二是交易所债券违约风险可控。截至 2018 年底,按违约债券未偿还金额计算,交易所债券市场违约率为 0.96%。目前,我们通过多种方式积极解决债券违约问题,加强增量管理、存量处置,不会形成交叉性、传染性风险。三是私募基金风险可控。按行业整体机构数量来看,风险发生率为 0.39%。上述风险总体可控,这是判断资本市场持续健康发展的重要基础。

下一步,我们将继续加强对外部环境变化的研判,在国务院金融稳定发展委员会统一指挥协调下,发挥整体合力,尊重市场规律,坚持底线思维,丰富政策工具储备,有信心、有决心、有能力维护资本市场平稳健康发展。

2 科创板改革未受影响

记者:当前,中国的高科技企业是美方重点打击的目标。市场非常关注科创板有关工作是否受到中美经贸摩擦影响?未来将如何促进科技创新企业发展?

易会满:目前,科创板正按计划平稳有序推进,没有受到中美经贸摩擦影响。我们将按照"严标准、稳起步"的原则,坚定地推动设立科创板并试点注册制相关工作,增强资本市场对提高我国关键核心技术创新能力的服务水平。

科创板将从三方面促进科技创新企业发展:

一是有助于解决科技创新企业股权融资。科创板是既有多层次资本市场的重要组成部分,聚焦科技创新企业特点设计制度,增加包容性,使企业可以通过资本市场在快速发展阶段获得必要的股权融资，做优做强。

二是有助于科技创新企业强化公司治理，建立现代企业制度。上市以后，科技创新企业会更加重视公司治理，强化披露意识，规范生产经营，最终实现长期可持续发展。

三是有助于科技创新企业以人才为依托发展壮大。科创板优化相关制度安排，鼓励科技创新企业实施员工持股计划和期权激励，增加凝聚力和创新力，激发创新潜能，形成科技创新的持续推动力。

科创板是资本市场改革的"试验田"。证监会将对科创板的创新和运行情况进行综合评估，推动形成可复制、可推广的经验。同时，统筹推进创业板和新三板改革，把握好市场定位，促进优势互补，推动多层次资本市场平稳健康发展。

3 资本市场要深化改革更好服务经济高质量发展

记者：在中美经贸摩擦的背景下，资本市场如何深化改革更好地服务经济高质量发展？

易会满：资本市场是现代金融体系的基础，是实体经济的"晴雨表"，在金融运行中具有牵一发而动全身的作用。我们紧扣深化金融供给侧结构性改革的部署要求，围绕提高上市公司质量、大幅提高违法违规成本、统筹推进相关上市板块的综合改革、引导中长期资金入市、创造资本市场良好生态、保护中小投资者合法权益等方面的工作研究制订了整体方案。下一步深化资本市场改革，注重"五个结合"。一是治标与治本相结合，二是市场化、法治化、国际化相结合，三是立足当前与稳定预期相结合，四是交易流动性与融资功能稳定性相结合，五是保障和激励"好学生"的合法权益与提高"坏学生"的违法成本相结合。

通过处理好上述几个结合,进一步完善资本市场投资者结构、融资者结构、中介机构结构等,形成良好的市场生态,打造规范、透明、开放、有活力、有韧性的资本市场,为经济社会发展和人民群众需要提供更高质量、更高效率的金融服务,促进形成金融和实体经济的良性循环。

4　中国资本市场对外开放进程不受影响

记者：您怎么看待美方指责我国在金融服务业领域仍然采取诸多限制措施？中美经贸摩擦是否会影响中国资本市场对外开放的进程？

易会满：从我在金融业 30 多年的从业经验看，美方指责中国金融业开放的问题实际上是不存在的。近年来，中国资本市场在证券和资产管理服务方面的开放水平正大幅提升。我们已大幅放宽了证券期货和基金公司的准入限制，在互联互通机制，期货市场的原油、铁矿石、PTA 等商品期货品种实现国际化等方面的努力也是有目共睹的。

中美经贸摩擦不会影响我国资本市场和金融业对外开放的进程，扩大金融业对外开放也是提升我国金融业自身服务水平和国际竞争力的需要。我们始终坚持金融服务业开放水平与我国经济发展水平、金融市场完善程度和金融监管水平相适应。2018 年，我国制定并对外明确了金融业开放的时间表和路线图，我们将按照既定的计划和节奏稳步推进这项工作。

下一步，证监会将加快推进资本市场的双向开放，确保 2021 年前完全取消证券期货行业的外资股比限制，并进一步修订完善 QFII/

RQFII制度，深化和完善境内外股票市场互联互通机制，逐步扩大交易所债券市场的对外开放，在条件成熟的商品期货品种引入境外交易者，进一步提升证券期货市场对外开放水平等。

5　上市公司要苦练内功发挥好"头雁效应"

记者：中美经贸摩擦对我国上市公司的影响如何？对于提升上市公司质量，证监会有什么具体考虑和行动？

易会满：中美经贸摩擦对上市公司影响是客观存在的，短期看有挑战，但长远看，又会达到新的平衡。根据2018年年报，上市公司实现营业收入45.45万亿元，同比增长11.48%，净利润3.39万亿元，略降1.82%，整体经营情况保持稳定。

中美经贸摩擦对于上市公司而言既是挑战，更是机遇，倒逼相关公司加大创新力度，提高自主研发能力，不断提高产品市场竞争力，实现企业长期可持续发展。面临外部的不确定性，上市公司更要苦练内功，继续在推动经济和自身高质量发展中发挥好"头雁效应"。

上市公司质量是资本市场的支撑和基石，提高上市公司质量是一项宏大的系统工程，需要上市公司、监管者、投资者和市场各参与方的共同努力。从证监会角度来看，提高上市公司质量必须坚持稳中求进工作总基调，牢牢把握市场化、法治化、国际化方向，深化资本市场供给侧结构性改革。

要坚持以信息披露为中心，完善公司治理和内部控制，督促大股东、董监高等"关键少数"诚信守法、履职尽责，通过持续监管、精准监管，给投资者一个真实、透明、合规的上市公司。

要守好入口关，从源头上提升上市公司质量；优化并购重组制度，推进定向可转债并购等试点常态化，让更多符合国家发展战略、有利于强化自主创新实力和核心竞争力的"好资产"加快注入上市公司，推动"市场、科技、资本"高效融合。要畅通出口关，通过重组上市、破产重整、多元化退市等方式拓宽退出渠道，实现市场化优胜劣汰。

目前，证监会正在抓紧研究制定提高上市公司质量行动计划。希望通过3到5年的努力，引导上市公司经营更加稳健，运作更加规范，信披更加真实有效，主业更加突出，创新能力和核心竞争力不断增强，投资者回报机制持续优化，使上市公司质量有较大提升。

《人民日报》（2019年06月03日　02版）

中国经济发展韧性十足

人民日报记者　陆娅楠

中国经济的动力有多强？"五一"小长假算笔明白账——

假日期间，日均有9266趟列车飞驰、1.6万个航班起落，国内旅游接待总人数约1.95亿人次，银联网络交易总金额高达1.29万亿元，相当于中国人一天消费就"刷"掉3225亿元。

这是中国经济内生动力强劲的缩影。面对复杂严峻的国内外形势，今年以来，中国经济运行开局良好，主要指标保持在合理区间并好于预期，展现出十足的韧性。

经济平稳增长。一季度，我国国内生产总值（GDP）约为21.3万亿元，超过2005年全年GDP总量。按可比价格计算，比上年同期增长6.4%，增速与上季度持平。"GDP增速连续14个季度保持在6.4%—6.8%区间，延续了近年来平稳增长的态势。"国家统计局国民经济核算司司长赵同录说。

就业持续增加。一季度全国城镇新增就业324万人，完成全年计划的29.5%；城镇失业人员再就业117万人，就业困难人员实现就业39万人。3月份，全国城镇调查失业率为5.2%，比上月下降0.1

个百分点。

物价温和上涨。一季度，全国居民消费价格同比上涨1.8%，涨幅比上年同期回落0.3个百分点。

国际收支保持平衡。一季度，我国货物贸易进出口总额同比增长3.7%。3月末，人民币兑美元汇率为6.73元/美元，比上年末升值1.9%；外汇储备余额30988亿美元，比上月末增加86亿美元，连续5个月增加。

居民收入增长略快于经济增长。一季度，全国居民人均可支配收入实际增长6.8%，比GDP增速快0.4个百分点，更快于人均GDP增速。

中国经济的韧性从哪来？

韧性来自中国经济的基本面。我国物质基础雄厚、人力资本丰富、发展潜力巨大，正处于新型工业化、信息化、城镇化、农业现代化同步发展进程中，具备广阔的市场回旋空间。我国发展仍处于重要战略机遇期，经济长期向好趋势没有也不会改变。特别是近年来深化供给侧结构性改革所取得的积极成效，推动经济运行进入价格回升、成本下降、盈利改善、信心增强的良性循环。

韧性来自经济新动能加速提升。一季度高技术制造业、高技术服务业投资分别同比增长11.4%和19.3%；制造业技术改造投资增长16.9%，比全部投资快10.6个百分点；工业战略性新兴产业增加值同比增长6.7%，比规模以上工业快0.2个百分点。移动通信基站设备、城市轨道车辆、新能源汽车……一批新产品、新技术正成为增长新亮点。

韧性来自发展协调性持续增强。过去，我国经济增长高度依赖出口；如今，内需才是中国经济的"压舱石"和"助推器"。一季度，最终消费支出增长对经济增长的贡献率为65.1%，明显高于资本形成总额及货物和服务净出口对经济增长的贡献率，国内消费继续发挥对经济增长的主引擎作用。"随着居民收入稳定增长、减税降费及促消费政策逐步显效，居民消费需求将进一步释放，消费市场总体上有望继续保持平稳增长。"国家统计局贸易外经司司长蔺涛说。

韧性也来自增长持续性不断集聚。随着"放管服"改革深入推进，法治化、国际化、便利化营商环境加快打造，中国市场依然是世界上最受欢迎的投资热土之一。

今年一季度，我国日均新登记市场主体5.3万户，同比增长26.3%；实际使用外资同比增长6.5%，其中高技术制造业实际使用外资同比增长14.8%、高技术服务业实际使用外资同比增长88%，引资可谓量质齐升。"在全球跨国资本流动大幅减速的情况下，中国吸引外资保持稳定增长，充分说明国际资本对中国经济增长的信心，对中国投资环境的认可。"商务部副部长王受文表示。

"中国经济发展韧性十足，为应对外部挑战、实现高质量发展提供了较大的腾挪空间。"国家发改委政策研究室主任袁达说，"我们完全有信心、有条件、有能力保持经济运行在合理区间，实现年度预期目标。"

《人民日报》（2019年05月07日　01版）

我国企业发展活力充沛

人民日报记者　刘志强

企业是经济的基本细胞。辨识当前中国经济,不妨先看看今年一季度中国企业集合而成的总体表现。

中央企业实现"开门红"——累计实现营业收入6.8万亿元,同比增长6.3%,23家央企收入增幅超过20%;实现利润总额4265亿元,同比增长13.1%。

民营企业干出"精气神"——规模以上私营工业企业增加值同比增长10.6%,比上年同期加快4个百分点;民营企业进出口增长9.9%,占进出口总额的比重为40.6%,同比提高2.3个百分点。

创新热情走高。性能超群的折叠屏手机、科技感十足的无人驾驶汽车、智慧灵动的工业机器人……春天里,不少矢志创新的企业迎来了新产品的"爆发期"。一季度,我国制造业技改投资增长16.9%,比全部投资快10.6个百分点,体现了企业专注创新、加快转型升级的强烈愿望和积极作为。

创业热度不减。从日出到日落,一天之中,中国大地上便有1.65万户企业新登记成立,同比增长12.3%。

抓住机遇、迎接挑战,你追我赶、不甘落后……中国市场处处洋溢着蓬勃的朝气,企业发展正迸发出巨大的活力。活力的背后,有中国经济强劲的内生动力作为支撑,有中国市场雄厚的内在潜力提供保障,更有营商环境的持续优化在源源不断地释放红利、滋养企业。

习近平总书记指出,要继续练好内功、办好自己事,加快市场化改革,营造法治化营商环境,加快经济结构调整,推动产业优化升级,支持企业做大做强,提高国际竞争力和抗风险能力。今年以来,我国在营商环境已有很大改善、国际排名大幅上升的基础上,进一步打出优化营商环境的"组合拳"。

实施更大规模减税降费,让企业更能"轻装上阵"。

今年1月1日起,我国开始实施小微企业普惠性税收减免政策。仅企业所得税减税这一项政策,便惠及1798万家企业,98%为民营企业。自4月1日起,又通过深化增值税改革为企业送上"大礼包"——制造业、交通运输业、建筑业等行业税率均有所降低。5月1日以来,实施社保费率企业上缴比率下调政策。更多利好还将落地:7月1日起,减免不动产登记费;扩大减缴专利申请费、年费等的范围……政府收入做"减法",换来企业效益的"加法"、市场活力的"乘法"。

推进"放管服"等一系列改革,让企业更加"自在呼吸"。

印发《关于促进中小企业健康发展的指导意见》《改革国有资本授权经营体制方案》;启动第四批国企混合所有制改革试点,推进石油天然气电力等重点领域改革;颁布《外商投资法》,着手压减外商投资负面清单;设立科创板及试点注册制……今年以来,我国进一步放宽市场准入,继续削减行政审批和许可事项,使市场机制更加灵活、市场竞争更加公平,市场在资源配置中的决定性作用进一步发挥。

为实体经济注入金融活水,让企业更感"脚底生风"。

经济是肌体,金融是血脉。今年以来,我国为畅通国民经济循环,多措并举为企业解决融资难融资贵问题,增强了金融服务实体经济的能力。一季度,对实体经济发放的人民币贷款同比多增1.44万亿元;新发放普惠型小微企业贷款利率为6.87%,比去年低0.52个百分点。

活力,诠释着过往、注解着当下,也积蓄着希望、孕育着未来。尽管当前国际经济环境严峻复杂,经济运行仍面临下行压力,但广大企业仍持有对未来的坚定信心,饱含着对前景的美好憧憬。3月份,制造业采购经理指数(PMI)为50.5%,比上月上升1.3个百分点;非制造业商务活动指数为54.8%,比上月上升0.5个百分点。工信部对1.5万家企业的调查显示,2/3的企业表示订单情况良好。先行指标和调查情况均表明,企业的市场预期正在明显改善。

立夏时节,万物繁茂。千千万万的中国企业,正展现出新的更加充沛的活力。

《人民日报》(2019年05月08日　01版)

我国外贸势头好动能足

人民日报记者　杜海涛　王　珂

展馆人潮如织，商品琳琅满目，来自200多个国家和地区不同肤色的采购商纷至沓来……5月5日闭幕的第125届广交会累计出口成交额达1995亿元。比成交额更值得关注的是，参展的我国外贸企业创新升级步伐提速，高技术、高品质、高附加值的参展产品，成为展会上倍受欢迎的"香饽饽"。

广交会素有"外贸晴雨表"之称，透过这个窗口，能观察我国外贸发展的新动向。今年以来，面对复杂的外部环境和诸多不确定因素，我国外贸继续保持稳中有进的发展势头，内生动力不断增强。

看总量，进出口总值平稳增长。前4月，我国货物贸易进出口总值达9.51万亿元，比去年同期增长4.3%。其中，出口5.06万亿元，增长5.7%；进口4.45万亿元，增长2.9%。

看结构，高质量发展再上台阶。前4月，进出口商品结构进一步优化，高附加值出口商品持续增加。其中，机电产品出口2.97万亿元，增长4.5%，占出口总值的58.6%。民营企业进出口3.9万亿元，增长11%，占外贸总值的41%，比去年同期提升2.5个百分点。

习近平总书记指出，要加快从贸易大国走向贸易强国，巩固外贸传统优势，培育竞争新优势，拓展外贸发展空间，积极扩大进口。

世界贸易组织发布的数据显示，2018年我国占全球出口、进口的份额分别是12.8%、10.8%，成为全球贸易运行的"稳定器"。尽管当前外贸发展的形势仍然严峻，但我国发展仍处于重要战略机遇期，外贸稳定发展具有诸多有利因素。保持外贸稳定增长，我们有底气！

底气，来自不断提升的质量效益。当前，我国外贸进出口更加均衡、区域发展更加协调、产品结构更加优化，高附加值机电产品和装备制造产品出口保持良好增势，国际市场竞争力增强。前4月，我国电器及电子产品出口1.33万亿元，增长4.9%；机械设备出口8905.6亿元，增长3.9%。

底气，来自持续优化的营商环境。去年以来，我国陆续出台了一系列减税降费、优化口岸营商环境的政策措施，贸易便利化水平显著提升。2018年，世界银行将我国营商环境排名一次性上调了32位，其中跨境贸易排名由97位跃升至65位，也提升了32位。我国主动降低药品、汽车及其零部件、日用消费品等商品的进口关税，有效促进了进口增长。

底气，也来自更加多元的贸易伙伴。在与传统贸易伙伴保持贸易额良好增势的同时，我国外贸企业积极拓展与其他国家和地区的经贸往来。前4月，我国对欧盟、东盟和日本等主要市场进出口均实现增长；对"一带一路"沿线国家合计进出口2.73万亿元，增长9.1%，高出全国整体增速4.8个百分点，占我国外贸总值的28.7%，比重提升了1.3个百分点。"开拓新市场、创造新需求，保持外贸稳定增长就有了更大的空间。"商务部研究院国际市场研究所副所长白明表示。

"国内经济'稳'是外贸'稳'的重要支撑。"海关总署新闻发言人李魁文说,我国开放的大门越开越大,稳外贸政策效应不断显现,这将有力促进外贸转型升级、提升企业活力。今年,我国还将进一步提高贸易便利化水平,持续优化口岸营商环境,助力外贸企业轻装上阵,推动实现外贸稳中有进。

《人民日报》(2019年05月10日 01版)

中国农业"压舱石"稳得很

人民日报记者　赵永平

"立夏麦龇牙,一月就要拔。"在河南滑县,180万亩麦田绿浪滚滚、心旷神怡。"准又是个丰收年!"郝村种粮大户刘飞边说边弯腰拔了株麦苗:"你瞧,分蘖七八个,长得多喜人。"

不负好春光,希望田野勃发生机。农业农村部数据显示,今年冬小麦面积稳定,长势好于去年,夏粮丰收在望。当前,全国春播进入高峰期,南方早稻栽插基本结束,东北播种过四成,全国已播农作物8.4亿亩,完成意向面积60%以上,粮食生产开局良好。

务农重本,国之大纲。经济形势越复杂,越是要重视"三农"。

习近平总书记指出,2019年是决胜全面建成小康社会第一个百年奋斗目标的关键之年,做好"三农"工作对有效应对各种风险挑战、确保经济持续健康发展和社会大局稳定具有重大意义。

从中央到地方,坚持农业农村优先发展,打出政策"组合拳"。"三农"发展实现"开门红":今年一季度,第一产业增加值达到8769亿元,同比增长2.7%;农村居民人均可支配收入达到4600元,实际增长6.9%,延续"双增长"的好势头。

数字背后看质量,农业生产正"变优""变绿",发展动能更强劲。

调优结构。"种什么、怎么种?"老问题有了新答案。"今年补贴下发早,咱还种有机稻,身价好,划算!"黑龙江绥化市西南村农民闫井武坦言。放眼全国,政策"指挥棒"引导,多的调下去,少的调上来,非优势区调减玉米,增加市场紧缺优质品种,今年将发展粮改饲面积1200万亩以上。该退的退,该减的减,轮作休耕将试点3000万亩,让更多耕地"喘口气"。田野里的加减法,换来产业布局的一手好牌。

调顺体系。农业不止于耕种养,迈向一二三产融合。国家级现代农业产业园带动创建了一大批省、市、县级产业园,更多农产品快步告别"原字号"。中原粮仓河南,一颗麦粒"吃干榨净",变身出几百种产品,粮食产能变成加工优势。今年一季度,规模以上农产品加工企业营业收入3.7万亿元,同比增长5.8%。新产业新业态竞相迸发,田野里的动力更充沛。

守好底线。"手中有粮、心中不慌",全国划定10.16亿亩"两区"(粮食生产功能区和重要农产品生产保护区),完成96%的划定任务。精准施策,农业、水利、财政等资金集中发力,打造"一季千斤,两季吨粮"的高标准农田。守好"两区",可保障中国人95%的口粮、90%的谷物、60%的糖料蔗等,稳住粮食等重要农产品有效供给的基本盘。

站在全局看农村,乡村振兴全面提速,更多村庄美"颜值"、提"气质",注入旺盛生命力。

一场厕所革命,点亮了贵州雷山县陡寨村的"美丽经济",这个"五一"小长假山村人气火爆,村委会主任宋志军连说想不到:"田园变公园,青山变金山,美起来的山村能长出新钱袋。"何止一场厕所革命，何止一个陡寨村！全国农村人居环境整治全面推开，投入真金白银，唤回绿水青山，一批批文明乡村活起来，善治乡村美起来，一个个生态宜居的幸福家园快步走来。城乡融合发展，更多美丽乡村也成了城里人的"后花园"……

发展背后看增收，农民不再单靠土里刨食，"四驾马车"拉动、收入渠道更多元——

说一千道一万，农民增收最关键。翻看一季度"三农"成绩单，农民经营性收入拓展新空间，打好"果蔬牌"，卖健康、卖品牌，传统农业赋予新内涵；工资性收入"主引擎"动力强劲，一季度同比增长9%；财产性收入步入快车道，农民有了更多入股分红、资产收益；转移性收入保障有力，一项项补贴更精准、有效，沉甸甸的收入礼包，映照在农民朋友幸福的笑脸上。

今日中国乡村，亿万农民奋力奔向美好生活，处处能感到蓬勃脉动。中国人的饭碗端得更稳，"菜篮子"品种更全，农民腰包更鼓，更多农村"望得见山、看得见水、记得住乡愁"……守好"三农"这个战略后院，牢牢稳住经济社会全局的"压舱石"，这是应对各种风险挑战的十足底气！

《人民日报》（2019年05月11日 01版）

我国消费"主引擎"动力强

人民日报记者　齐志明　罗珊珊

在北京，东来顺、全聚德等老字号餐馆人声鼎沸；在上海，朱家角古镇、枫泾古镇等传统文化民俗景点游人如织；在苏州，购买小吃"袜底酥"的游客排成长龙……

"五一"小长假，全国各地消费市场供需两旺，交出亮丽成绩单。北京市商务部门重点监测的60家零售、餐饮企业四天实现销售额32.2亿元，同比增长6.5%。上海市共接待游客1500万人次，全市纳入假日监测统计的161家主要旅游景区（点）累计接待游客560万人次，同比增长33%。

消费是中国经济稳定运行的"压舱石"，也是持续推动中国经济增长的"主引擎"。国家统计局数据显示，一季度，我国社会消费品零售总额达97790亿元，同比增长8.3%，其中，3月份增长8.7%，增速比1—2月份加快0.5个百分点，为近半年新高。一季度，最终消费支出对经济增长的贡献率达65.1%。

习近平总书记指出，要努力满足最终需求，提升产品质量，加快教育、育幼、养老、医疗、文化、旅游等服务业发展，改善消费环境，落实好个人所得税专项附加扣除政策，增强消费能力，让老百姓吃得放心、穿得称心、用得舒心。

今年以来，我国持续推进减税降费、提高最低工资标准、促进就业，特别是年初开始实施的个人所得税改革以及专项附加扣除方案，有效增加了居民可支配收入。与此同时，不断消除居民消费的后顾之忧。消费需求进一步释放，消费市场亮点纷呈——

消费升级跑出加速度。国家统计局数据显示，一季度，消费升级类商品销售增长较快，规模以上商业企业化妆品类、通讯器材类商品同比分别增长10.9%和10%，增速分别快于社会消费品零售总额2.6和1.7个百分点。网络零售品质不断提升，有力驱动消费升级，更好地满足了人们个性化、多样化、品质化消费需求。

新兴消费带来新体验。据商务部统计，一季度全国实物网上商品零售额实现1.78万亿元，同比增长21%，占社会消费品零售总额的比重达18.2%，较上年同期提高2.1个百分点。线上线下加速融合，无人超市、新型便利店等新业态、新场景不断涌现，更便利、更多元的消费渠道有力聚拢人气。

消费热点更加多元化。一季度，全国实现餐饮收入10644亿元，同比增长9.6%，高于商品零售增速1.3个百分点。大众化餐饮、外卖等细分市场快速增长。一季度，全国居民人均教育文化娱乐消费支出同比增长20.6%，占人均消费支出的比重为9.9%，较上年同期提高1.1个百分点。

国家统计局发布的数据显示，一季度，我国消费者信心指数为124.6，比去年四季度提高3.2点，处于历史高位水平。前不久，中国消费者协会公布了2018年消费者满意度调查结果，70个大中城市的消费者满意度综合得分为73.68分，总体处于良好水平。"当前我国供给侧结构性改革深入推进，商品和服务品类更多、品质更好、品牌更优，进一步激发了人们购买欲望。我国正加快建立健全高层次、广覆盖、强约束的质量标准体系，强化消费领域信用体系建设，提高消费者维权能力，创建安全放心的消费环境。这些措施都有力地提振了消费信心。"国家发改委综合司巡视员刘宇南说。

"随着我国消费规模持续扩大，消费水平不断提高，消费结构继续优化，消费对经济发展的基础性作用将更加凸显。这既是我国经济韧性强、潜力大、活力旺的表现，也将进一步提升我国经济抗风险能力，为高质量发展增添更多后劲。"中国贸促会研究院国际贸易研究部主任赵萍说。

《人民日报》（2019年05月12日　01版）

我国科技动能持续释放

人民日报记者 赵永新 余建斌

科技创新正在为我国经济发展增添新的动能和优势。

今年一季度，北京中关村国家自主创新示范区迎来开门红：规模以上高新技术企业实现总收入1.3万亿元，同比增长14.9%。技术收入增长较快，实现技术收入2171.6亿元，同比增长23.7%；电子与信息、先进制造领域、新材料及应用技术等重点高新技术领域增势较好，比上年同期分别增长17.4%、11.4%、11.3%；企业科技投入活跃，企业研究开发费用合计508.4亿元，同比增长20.9%。

这是科技新动能推动经济行稳致远的一个缩影。来自科技部火炬中心的统计数据显示，今年1—2月，我国168家国家高新区企业实现营业收入4.9万亿元，同比增长9.3%；实际上缴税费2909.6亿元，同比增长12.4%；营业收入利润率6.1%；园区新注册企业数4.6万家，同比增长11.6%，创新创业持续活跃。截至2月末，国家高新区固定资产投资4419.6亿元，同比增长7.4%，增速高出全国增速1.3个百分点。

习近平总书记指出，科技是国之利器，国家赖之以强，企业赖之以赢，人民生活赖之以好。党的十八大以来，我国更加注重提升科技创新能力，科技新动能不断增强。

——研发投入持续增长。

研发投入增速的提升预示着一个国家创新能力的提升。2013—2016年间，我国研究与试验发展（R&D）经费年均增长11.1%，增速世界领先。2017年我国R&D经费投入总量超1.76万亿元，同比增长12.3%，增速较上年提高1.7个百分点；R&D经费投入强度（R&D经费与国民生产总值的比值）达到2.13%。2018年，我国R&D支出达到19657亿元，投入强度为2.18%。与此同时，研发投入结构持续向好，资源配置进一步优化。

更为可喜的是，作为技术创新的主体，企业不仅持续加大研发投入，还主动从技术开发向基础研究延伸。去年以来，阿里巴巴、腾讯、华为等企业先后成立研究院，纷纷在基础研究领域布局。根深才能叶茂，深耕基础研究无疑将为企业突破关键核心技术、增强核心竞争力奠定坚实的基础。

——体制机制改革日益深化。

如果说创新是中国发展的新引擎，那么改革就是必不可少的点火器。国家大力深化科技体制改革，破除阻碍创新的制度藩篱。在项目管理、经费使用等方面大胆创新，为科研人员松绑减负，进一步激发创新活力；积极推进技术成果转化，下放成果处置权、简化审批流程，大幅提高科研人员成果转化收益，极大调动了高校院所转化技术成果和科研人员创新创业的积极性。

今年正式启动的科创板，为那些掌握核心技术、潜力巨大的科技创新型企业打开了新的融资大门。截至5月8日，科创板已受理企业达到103家，总拟募资金额突破1000亿元。这将更好发挥资本市场对创新型经济的支持作用，为企业创新提供动力。

——知识产权制度加油护航。

知识产权创造量质齐升。今年1—3月，我国发明专利申请34.1万件，发明专利授权11.6万件；实用新型专利申请50.3万件，实用新型专利授权37.5万件；外观设计专利申请15.7万件，外观设计专利授权11.9万件。其中，发明和实用新型专利的授权量和拥有量均比去年同期有不同程度的增长，表明创新主体的创新意愿持续高涨，创新能力不断提高。

知识产权保护全面加强。前不久全国人大常委会审议通过商标法修改决定，明确将恶意侵犯商标专用权的赔偿数额，由修改前的三倍以下，提高到五倍以下，并将法定赔偿额上限从三百万元，提高到五百万元，修改条款自今年11月1日起施行。这样的惩罚性赔偿额度在国际上都是比较高的，充分彰显了我国加强知识产权保护的坚定决心。

不断孕育积蓄的科技新动能必将持续发力，推动我国经济行得更稳、走得更远、质量更高、效益更好。

《人民日报》（2019年05月13日　01版）

我国就业形势平稳向好

人民日报记者　李心萍

324 万

一季度，全国城镇新增就业 324 万人，完成全年目标任务的 29%

117 万

一季度，城镇失业人员再就业 117 万人，就业困难人员就业 39 万人，均快于目标进度

"五一"假期后第一天，窗外雨点叮咚，罗涛的键盘也嗒嗒作响，3 分钟内 5 个招聘需求已经下发。"公司业务扩展快，人才需求大，今年我们已经招了近 150 名高校毕业生，其中有 120 个工程师岗位！"树根互联技术有限公司人力资源总监罗涛一脸自豪。

就业是民生之本、财富之源。今年，我国首次将就业优先政策置于宏观政策层面，一季度就业核心指标持续向好，实现良好开局。

就业规模持续扩大。一季度，全国城镇新增就业 324 万人，完成全年目标任务的 29%，为完成全年目标打下坚实基础。

失业率保持低位。一季度末，全国城镇登记失业率为 3.67%，处

于历史低位；3月，全国城镇调查失业率为5.2%，环比下降0.1个百分点，低于5.5%的预期目标。"3月，企业逐步复工，求职者陆续找到工作，带动失业率回落，就业形势总体保持稳定。"国家统计局人口和就业统计司副司长孟灿文说。

重点群体就业总体平稳。1—3月，城镇失业人员再就业117万人，就业困难人员就业39万人，均快于目标进度。3月末，我国外出务工农村劳动力总量达1.77亿人，同比增加210万人，返岗率达九成以上。

就业结构不断优化。25—59岁主要劳动年龄人口，一季度各月失业率均低于5%，处于充分就业状态。

习近平总书记强调，就业是最大的民生工程、民心工程、根基工程，是社会稳定的重要保障，必须抓紧抓实抓好。面对复杂严峻的国内外形势，面对总量与结构性矛盾双重压力，我们保持就业大局稳定的自信和底气从何而来？

宏观经济平稳运行，给稳就业吃下"定心丸"。作为吸纳就业的"主力军"，服务业发展动力十足。一季度，我国服务业增加值占GDP比重持续提高到57.3%，同比提升0.6个百分点。数据显示，第三产业每100万元增加值吸纳的就业为8.1人，比第二产业高1.6人，我国经济吸纳就业的能力不断增强。

作为吸纳就业的"生力军"，新兴产业持续发力。"一天跑4户，春耕期一天也没歇。"2月取得无人机驾驶培训证书后，李耿立马被公司录用，3月即投入火热的春耕，"无人机植保越来越受欢迎，我这样的新兵都得独挑大梁。"近年来，新产业蓬勃发展，催生了无人机驾驶员、数字化管理师、工业机器人系统操作员等新职业，扩展了就业空间。

作为吸纳就业的"蓄水池",中西部地区经济蓬勃发展。"扶贫车间开到了我们村,今年不往外跑,在车间刺绣,一年收入也有3万元,还能照顾老人孩子。"湖北省十堰市郧西县的张冬梅选择在家门口就业。

全面实施就业优先政策,为稳就业送上"大礼包"。去年下半年以来,党中央把稳就业列为"六稳"之首,各项稳就业、促就业政策接连出台落地。今年又首次将就业优先政策置于宏观政策层面,政策红利如春风拂面,营造了良好的就业氛围。

"没想到参加在岗培训还能领补贴,有1000多元呢。"戴玲在长沙一家纺织厂上班,晚上参加区里组织的简易编程培训,"厂里上了智能生产线,学会编程就有希望转成系统操作员,工资也能翻番。"一季度,全国共向2.1万户企业发放稳岗补贴11.7亿元,惠及职工283万人,向26万名职工发放技能提升补贴4.2亿元,援企稳岗力度强。

"我们将继续深入实施就业优先政策,把稳就业摆在更加突出位置,让政策落到实处、细处。"人社部新闻发言人卢爱红说,推动实现更高质量和更充分就业,我们底气足。

《人民日报》(2019年05月15日 04版)

我国农村市场潜力深厚

人民日报记者　朱　隽

"一年下来，俺能给村民卖出7万元左右的土特产呢！"安徽省六安市叶集区三元镇沣桥村扶贫驿站里，站长陈丽贤正埋头把村民送来的粉丝、土鸡蛋和挂面等登记在电商平台上。不一会儿，就有客户下单了。根据商务大数据监测，今年第一季度，全国农村网络零售额达到3570亿元，同比增长19.5%，高于全国增速4.2个百分点。

七彩斑斓的滑道、绚丽多姿的花海、摆满农具的乡村记忆馆……今年"五一"小长假，如画美景和特色美食，让山东省德州市临盘街道前杨村迎来了众多城里客。来自文化和旅游部的消息显示，节假日期间的国内短途游中，到农家体验农耕乐趣、感知田园风光，已成为城市居民出游的重要选项。

电子商务进农村，乡村游屡屡刷爆朋友圈……随着各项强农惠农富农政策扶持力度不断加大，城乡融合发展步伐加快，乡村消费潜力进一步释放，农村市场已成为扩大内需的重要亮点。

——投资稳。为夯实产业发展基础，今年一季度，全国第一产业固定资产投资2408亿元，同比增长3%。为加大农村人居环境整治力度，今年以来，中央财政安排 70 亿元奖补资金用于农村"厕所革命"整村推进，安排 30 亿元中央预算内投资用于中西部地区农村人居环境整治整县推进。

——消费旺。随着农村市场环境持续改善，以及电商等新兴业态向乡村地区下沉，农村消费潜力持续释放。今年一季度，乡村消费品零售额同比增长 9.2%，增速高出城镇市场 1.0 个百分点，乡村消费品零售额占社会消费品零售总额的比重为 14.7%，比上年同期提高 0.1 个百分点。

习近平总书记指出，如期实现第一个百年奋斗目标并向第二个百年奋斗目标迈进，最艰巨最繁重的任务在农村，最广泛最深厚的基础在农村，最大的潜力和后劲也在农村。对我国这样一个发展中大国来说，拉动经济增长的最主要力量仍然是国内需求。广阔的农村市场对扩大内需、保持经济平稳运行发挥着至关重要的作用。扩大内需，农村市场后劲十足、潜力无限。

潜力释放，离不开发展壮大乡村产业，让农民增收更多元。农村一二三产业融合发展带动农民收入增加。今年一季度，农村居民人均可支配收入实际增速达到 6.9%，继续处于中高速发展区间。农业农村部政策与改革司副司长赵长保表示："随着农业供给侧结构性改革的深入推进、国家产业结构的优化升级，以及农村各类新产业、新业态蓬勃发展，农民持续增收态势在可预见的将来可以保持。"

潜力释放，离不开不断改善基础设施，让农村环境更宜居。贵州省遵义市枫香镇花茂村再也不用为电发愁，变化源于新一轮的农村电网改造。一条条"四好农村路"通村畅乡，截至去年底，全国通硬化路乡镇和建制村分别达到 99.64% 和 99.47%。网络更便捷，2018 年，我国农村互联网普及率上升至 38.4%，农村网民规模达到

2.22亿。整治农村污水垃圾、保证农村饮水安全、畅通乡村物流、推进农村危房改造……如今，在国内不少地方，乡村更加美丽，变成城市"后花园"。

潜力释放，离不开全面提升公共服务，让农民拥有更多获得感。看教育，乡村学校办学条件改善、乡村教师队伍建设继续提速。看医疗，新增基本公共卫生服务财政补助经费全部用于村和社区。看养老，城乡居民基础养老金最低标准从每月70元提高到88元……亿万农民轻装上阵，奔向全面小康社会。

《人民日报》（2019年05月21日　01版）

大势：
合作开放是正确选择

中美开展经贸合作是正确的选择，但合作是有原则的

人民日报评论员

"合则两利，斗则俱伤"。对中美两国来说，合作是唯一正确的选择，共赢才能通向更好的未来。

对中美经贸磋商，中方始终高度重视，一直抱着极大的诚意，希望在平等相待、互相尊重的基础上，达成一份互利双赢的协议。然而，美方出尔反尔，进行极限施压，进一步给中国输美产品加征关税，给中美经贸谈判蒙上了阴影，直接导致磋商未果，责任完全在美方。一年多来，中方推动谈判的诚意和善意有目共睹。现在，中国经济和美国经济深度融合，美方加征关税，对中国人民不利，对美国人民不利，对世界人民也不利。中美妥善解决经贸问题是全世界的期盼，美方的举动与世界的期盼背道而驰。

中美开展经贸合作是最好的选择，但合作是有原则的。中方在重大原则问题上决不让步，坚决捍卫国家核心利益和人民根本利益，任何时候都不会丧失国家尊严，任何人都不要指望中国会吞下损害自己核心利益的苦果。中方谈判的大门始终是敞开的，始终认为中

美在经贸领域有着广泛的共同利益和广阔的合作空间，应该求同存异，合作共赢。这是人心所向。希望美方能相向而行，抱着理性、务实的态度解决存在的问题，让中美经贸交往更好造福两国人民和世界人民。

世界是多样的，没有分歧就没有世界。中美建交40年来的实践证明，中美合作是双方根本利益决定的，不以少数人的意志为转移，维护好双边关系有利于中方，有利于美方，也有利于整个世界。正如习近平主席所说："只要双方遵循相互尊重、平等相待原则，坚持求同存异、聚同化异，就没有过不去的坎，中美两国关系就能避免受到大的干扰。"

面对经贸摩擦，中方的立场始终明确：贸易战没有赢家，中国不想打，但也不怕打。中国经济稳中向好是大势，一季度我国国内生产总值同比增长6.4%，高技术制造业、高技术服务业投资分别同比增长11.4%和19.3%；内需成为中国经济的主引擎，去年消费对经济增长的贡献率已达76.2%。我们拥有全球最完整的产业体系和不断增强的科技创新能力，拥有世界上规模最大的中等收入群体，拥有近14亿人口的大市场，拥有足够的发展韧性、潜力和回旋余地。实践告诉我们，越是形势复杂、挑战严峻，越要发挥党中央集中统一领导的定海神针作用。在以习近平同志为核心的党中央坚强领导下，保持战略定力，增强必胜信心，集中精力办好自己的事情，我们就能沉着应对各种风险挑战，战胜一切艰难险阻。

《人民日报》（2019年05月13日　01版）

战略误判，后果严重

人民日报评论员

"对于一个手中只有榔头的人，他所看到的问题都是钉子。"美国作家马克·吐温的这句话，用来比喻一些对中国怀有敌意的美国政客，可谓十分贴切。

一段时间以来，美国不仅挑起中美经贸摩擦，而且在外交、科技、军事、涉台等诸多领域小动作不断。一些身居要职的美国政客，大肆宣扬"中国威胁论"，将中国视为"最危险的敌人"，扬言美中之间是"文明之间的冲突"，甚至叫嚣要把中国"打回到第三世界"；在市场问题上滥用出口管制措施，发布针对中国公司的限制交易令，忽悠、胁迫别的国家打压中国企业；在国际舞台上揣着形形色色的反华唱本，到处煽风点火、挑拨离间，满世界污蔑中伤中国……这些敌意浓浓的言行，为中美经贸谈判及两国关系蒙上阴影。

"身体已进入21世纪，而脑袋还停留在过去"。一些美国政客对中国的敌意，是自私、狭隘和偏执的混合物，暴露出错误的世界观、过时的知识结构和顽固的意识形态偏见。他们的想法还停留在冷战思维、零和博弈的旧框框内，认为中国的发展必然会动美国的奶酪，断定"中国之所得，必是美国之所失"，把中美竞争看成是非输即赢甚至是你死我活的竞争。可以想见，如果被敌意蒙住了双眼，如果就是要打压、遏制中国的发展壮大，怎么可能还有谈判解决问题的诚意？

我们所处的是一个"地球村"的时代，经济全球化已把世界紧紧联系在一起，各国利益深度交融，你中有我、我中有你，合作共赢是大势所趋。如果还抱着唯我独尊的心态，为了保持自己的"绝对优势"，刻意打压别国的正当发展权，只能是逆时代潮流而动，只会自食苦果，更不可能"再次伟大"。那些美国政客应该看到，从"少数人的现代化"走向"多数人的现代化"，这是浩浩荡荡的历史潮流；妄图剥夺近14亿中国人的发展权利、阻拦中华民族伟大复兴的历史进程，终将被证明是螳臂当车。

不遗余力播撒敌意的种子，只会在时代潮流中更加孤立。有的美国政客出访期间公开抹黑中国，数次被往访国领导人驳斥，指其"搬弄是非"。美国芝加哥全球委员会、皮尤研究中心的调查也显示，美国公众总体不认为中国是美国的威胁。还有美国前政要指出，如果你走出华盛顿，就会发现人们对中国的看法要积极得多，各州州长一如既往地想和中国发展贸易与投资关系。中美两国人民深知，一个繁荣的中国对美国有利，一个繁荣的美国对中国也有利，"我们有一千条理由把中美关系搞好，没有一条理由把中美关系搞坏"。这样的基本面，是中美关系抵制少数政客绑架的希望所在，也是中美两国实现合作共赢的基础所在。

正告那些对中国充满敌意的美国政客：你们总在疑虑中国的发展是为了什么，其实答案并不难找到。习近平主席多次讲过，人民对美好生活的向往，就是我们的奋斗目标。过去、现在、将来，中国的发展都是为了更好满足中国人民对美好生活的需要，而不是要与谁"零和博弈"，争个你死我活。世上本无"修昔底德陷阱"，但大国之间一再发生战略误判，就可能自己给自己造成陷阱，而那是谁也不愿看到的。

《人民日报》（2019年05月21日　03版）

关键之处见从容

钟 声

■中国完全有底气应对中美经贸磋商进程中各种可能的困难和挑战，这也是中方始终能够保持平常心的原因

围绕第十一轮中美经贸高级别磋商的有关准备进入倒计时，来自美方关于加征关税的消息引起国内外广泛关注。美方称将于本周五把2000亿美元中国输美商品的关税从10%提升到25%，而且将很快对所谓剩余3250亿美元中国输美商品也加征25%的关税。此举首先在美国激起"这是在向美国消费者加征关税"的惊呼。

类似情况此前也发生过，但最终还是呈现了拨云见日的希望。虽然国际舆论场上议论纷纷，但事情的基本逻辑不会变。定力决定了定数，中方团队准备赴美磋商的安排仍然保持着"进行时"状态。

乱云飞渡仍从容，这是中国本色。中方的立场和态度一直非常明确，美方对此也十分清楚。迄今进行了十轮的中美经贸高级别磋商已经取得诸多进展，这一点有目共睹。磋商已至关键处，双方只有共同努力、相向而行，才能争取在相互尊重的基础上达成一个互

利双赢的协议。

中美之间的确存在双方一时难以解决的棘手的结构性分歧，需要通过对话交流一起想办法。谈判的初衷是解决问题，目标是促成共赢，因此离不开对彼此关切的认真对待，也离不开对彼此可适性、可操作性的包容心。通过拼嗓门大、拼放话狠是解决不了中美经贸问题的，关税大棒更不是灵丹妙药。

一个产业要素齐整、兼具强大生产能力和巨大内需潜力的国家，笃定不会惧怕关税大棒。看看刚刚过去的"五一"假期，短短4天，中国国内旅游接待总人数1.95亿人次，实现旅游收入1176.7亿元人民币；看看中国经济今年第一季度的成绩单，国内生产总值同比增长6.4%，高于国内外分析预期，工业、消费、投资、进出口增速加快，城镇新增就业324万人；再看看海关总署数据显示的进出口亮点，3月份外贸进出口总值超预期实现9.6%的增长，有力拉动第一季度外贸整体增速回升。虽然中美经贸摩擦带来了负面影响，但是中国围绕"稳就业、稳金融、稳外贸、稳外资、稳投资、稳预期"推出一系列政策举措，取得明显效果。

中国大市场活力充沛，中国经济动力不断蓄增，中国同全球经贸伙伴们互动的空间持续扩展。中国完全有底气应对中美经贸磋商进程中各种可能的困难和挑战，这也是中方始终能够保持平常心的原因。

正是由于看懂了中国经济的实力和潜力，一些国外知名经济学家不约而同警告美国领导人千万不要"低估了中国的韧性和战略决心"。"为了全世界的利益，美国和中国应该齐心协力，用智慧和勇气解决双方的摩擦。"耶鲁大学经济学家斯蒂芬·罗奇此言道出了国际社会的主流愿望。如何最大限度保护中美两国人民的共同利益，如何维护世界经济稳定健康发展？这是中美两国共同面对的世界性课题，不能让理性缺位。

关键之处见从容。谈下去，谈好了，符合中美双方的利益，也符合世界利益。值得强调的是，中美双方曾经明确同意，要在互惠互利基础上拓展合作，在相互尊重基础上管控分歧，共同推进以协调、合作、稳定为基调的中美关系。美方应当按照这一共识指引的方向坚定往前走，推动双边经贸关系尽快回到正常轨道，让合作共赢造福两国和世界。这才是重信守诺的大国大义。

《人民日报》（2019年05月08日　03版）

国际秩序容不得任性妄为

——无视规则必将失败

钟 声

在这届美国政府眼中，同各国打交道时，但凡"美国优先"碰壁、霸凌主义行径受挫，就都是别人违反了规则。对这样的霸道逻辑，德国工商大会总干事长万斯莱本有个形象的比喻：美方犹如在一场足球赛中"用手带球，一头闯进球门"，理由却是"依据橄榄球规则"。一年多来，美方肆意挥舞关税大棒，四处挑起贸易争端，犹如一头"闯进瓷器店的公牛"，肆意冲击以规则为基础的多边贸易体制，把规则、秩序玩弄于股掌之中，成为国际社会最大的"麻烦制造者"。

中美贸易争端的实质，是美方绕开世界贸易组织争端解决机制，根据美国国内法挑起国际贸易摩擦。美国在未经世贸组织授权情况下对中国商品大规模加征关税，是对本国承诺和世贸组织规则的无视，是将单边规则凌驾于国际规则之上的任性妄为。

在世界贸易舞台上大秀肌肉的美国，一直不停地玩变脸，时而指责世贸组织规则令其"吃亏"，时而无端给别国扣上"不遵守规则"

的帽子,甚至威胁要把他国"开除"出世贸组织。美国喊得很卖力,演得很起劲,但拙劣的表演到头来还是无人喝彩。"基于规则的国际体制正在受到威胁,令人吃惊的是,造成威胁的不是别国,而是主导构建这一体系的美国。"欧洲理事会主席图斯克这番话道出了世人对美国任性之举的鄙视和忧虑。

视国际规则为玩物,合则用、不合则弃,这是美方的一贯做法。本届美国政府对国际规则的敌视更是令人瞠目结舌,甚至成了当前其外交政策的标签。接连退出联合国教科文组织、联合国人权理事会、万国邮政联盟等国际组织,退出跨太平洋伙伴关系协定、巴黎气候协定、全球移民协议、伊朗核问题全面协议、《维也纳外交关系公约关于强制解决争端之任择议定书》等一系列国际条约,强制要求重谈北美自由贸易协定和美韩自贸协定,美国的单边主义行为,对国际规则和全球治理构成重大挑战。英国前首相戈登·布朗慨叹:"美国在单极世界中一骑绝尘的时代,它还常常通过多边机构行动。而今,世界日益变得多极,美国政府却在一意孤行。"

美国执迷于破坏国际规则,逻辑出发点是以强权手段谋求一己私利。美国国家安全事务助理博尔顿昔日的一句"名言"将这种心态反映得淋漓尽致:"如果今天让我重新打造(联合国)安理会,我会只设一个常任理事国,因为这样才能真实反映全球的力量分布。"自以为可以靠强权压服对手,美方高调宣称,双边施压比多边机制更"高效"、关税大棒比规则建设更"高效"。

美国刻意以强权挑战规则,妄图把规则当橡皮泥任意碾压。但是,比谁的胳膊粗、气力大的霸权时代一去不返,世界上的事情只能由各国商量着办。当前,世界力量格局快速转变、多极化特征日趋明显,在跨国问题日益增多、对全球规则体系需求不断上升的国际形势下，美国抱定单边主义思维，只能是给自己和他国制造麻烦。逆规则肆意妄为，注定要被撞得鼻青脸肿，"再次伟大"的目标只会徒留笑柄。

世界发展大势从来不会以任何人的意志为转移。当美国执迷于破坏规则，另一种"对冲"与"建设"也在悄然进行。有美国媒体发出警告说，时常"移动球门柱"意味着付出代价，美国推翻国际关系准则的做法正导致一些伙伴减少对美国的依赖。还有美国媒体更直白地评论："在经济领域，美国依然是那个'大孩子'，但并不是唯一的'大孩子'。风险在于，美国可能被视为经常恐吓其他孩子的霸凌者，促使这些孩子联起手来，想办法躲开美国。"

中国有一句老话，"利莫大于治，害莫大于乱"。作为当今世界第一大经济体和有影响力的大国，美方有关政策和言行应有最起码的责任感，应该有利于世界的"治"而不是"乱"。维护多边主义和以规则为基础的多边贸易体制，是国际社会的根本利益所在，也是各国的强烈呼声。美国蔑视规则，就是在肆意损害国际社会的共同福祉和世界各国的正当利益。这样的蛮横无理，不得人心，终究也不会有什么好果子吃。倘若美方一意孤行，由着性子定要"一条道走到黑"，那就是选择了一条自弃之路，这条路注定只有一个终点，那就是失败！

《人民日报》（2019年05月23日　04版）

公平合作是唯一正确的选择

——零和博弈必将失败

钟 声

一位西方历史学家曾经这样说，人们之所以陷入不可挽回的灾难，常常是因为自己的愚蠢。那些身体已进入21世纪，但脑袋还停留在冷战思维、零和博弈旧时代的美国政客，正在为这一论断提供新的例证。一段时间以来，他们轮番叫嚣"在太空竞争中打败中国""中国窃取美国知识产权"等论调，还与史蒂夫·班农等过气政客一唱一和，编造"中国想成为全球霸主"的说辞，仿佛对美国来说"天就要塌下来了"。

当前，零和思维顽症在美国决策圈肆虐，一些人看到美国贸易有逆差就肆意对贸易伙伴加征关税；看到别国科技创新成果就污蔑别人是知识产权小偷；看到"一带一路"的"朋友圈"越来越大就打着"债务陷阱"幌子四处造谣；看到中国的国际影响力日益提升就满世界污蔑中伤中国。

这些人不惜动用外交、经济乃至军事资源，通过恐吓、制裁乃至战争手段，试图达到"喂饱自己、饿死别人"的丑陋目的。殊不知，这些鼠目寸光的行为，非但不能让美国"再次伟大"，只会让美国陷入严重自耗。美国布鲁金斯学会统计，从1982年到1984年，美国对日本汽车行业实施贸易制裁，美国汽车制造业减少6万个工作岗位，成为里根总统任内美国失业率最高时期。美国彼得森国际经济研究所的一份报告显示，在1945—1969年、1970—1989年、1990—2000年这3个时段，美国对外制裁的成功率分别是50%、31%和29%。也就是说，虽然美国对外制裁的次数在增多，但制裁的作用却在递减。有的美国学者甚至认为美国对外制裁的成功率仅有5%。

在零和博弈的怪圈中走火入魔，美国不断陷入战略困境，其种种做法更是遭到包括美国在内的国际社会普遍指责。美国战略与国际问题研究中心贸易专家威廉·赖因施指出，如今的国际贸易是国家间的双赢合作而非零和博弈，美国现行贸易政策更像是17、18世纪重商主义政策的延续，并不符合21世纪经济全球化现实。在美国哥伦比亚大学经济学教授杰弗里·萨克斯看来：美国政府一意孤行，采取"美国优先"的极端主义政策，蓄意破坏国际规则，很可能让美国"从二战后的世界领导者"变成"21世纪的无赖国家"。对于美国政府当前奉行的单边贸易政策，欧盟官员直言："贸易政策不是零和游戏，不是输赢之争。欧盟相信，贸易能够而且应该是双赢。"

公平竞争、共赢合作，本该是国际社会的基本样貌。可悲的是，美国政客只想着"你输我赢"。身为美国白宫国家贸易委员会主任的纳瓦罗，怂恿美国人拒绝购买任何中国制造的商品，还用科幻甚至恐怖小说的笔调丑化中美关系。恰如《纽约客》的评论所一针见血指出的，"这种观点不仅是简单化的，更是错误和危险的"。

中美作为两个大国，合作是双方唯一正确的选择，这不仅有利于两国和两国人民，还将对世界和平与繁荣产生巨大作用，任何错误思维和战略误判，都有可能引发全球连锁反应。"中美贸易紧张已经影响了全球复苏，并正在给投资与增长带来风险。"经合组织秘书长安赫尔·古里亚的担忧值得关注。

历史上，曾有一些人醉心于霸权地位和垄断利益，把世界拖入热战、冷战，给整个人类社会带来深重灾难。正是由于经历过太多痛苦和磨难，人类倍加珍视合作共赢、谋求共同福祉、推进世界进步。当今世界，国与国之间相互联系、相互依存，越来越成为命运与共、休戚相关的共同体，不是部分人反对部分人，而是所有人需要所有人。

"万山不许一溪奔，拦得溪声日夜喧。到得前头山脚尽，堂堂溪水出前村。"中国的发展是为了让本国人民过上好日子，也让世界各国人民都过上好日子，而不是要与谁"零和博弈"。这一代表了历史正义和世界潮流的伟大进程，是谁都阻挡不住的。历史经验一再告诉人们，用零和博弈和冷战思维处理国际事务，其结果只能是自废武功、自毁长城，让美国陷入自己制造的"战略陷阱"。

《人民日报》（2019年05月24日 03版）

狂风骤雨不能掀翻大海

——逆势而动必将失败

钟 声

"拒绝全球化就是拒绝太阳升起。"几年前，美国资深记者乔治·帕克曾对美国国内发出过这样的警告。

令人遗憾的是，美国一些政客完全无视逆耳忠言、不管不顾历史浪潮，公然声称今后"美国主义而不是全球主义将成为我们的信条"。他们把自己关进黑屋子，没完没了干各种不合时宜、损人害己的蠢事。加征关税、发布出口管制"实体名单"，贸易保护主义大棒越挥越猛；退群、筑墙、打贸易战，逆历史潮流而动的行为越来越多。以至于世人惊叹，如此下去，美国是不是要退出地球了？！

经济全球化为世界经济增长提供了强劲动力。过去几十年，美国一向自诩经济全球化的倡导者，也是最大受益者。然而，现在的美国却变成了"搅局者""破坏者"，这实在是让世人大跌眼镜。美国一些政客大放厥词，说什么"自由贸易不是全球化""全球化带给美国千千万万工人的只有贫穷和悲伤"。这些论调无非是想把国内矛盾的锅甩给经济全球化，妄图以牺牲全球利益和他国利益为代价来谋求自身利益最大化。

正是这种阴暗的想法，让美国一些政客失去了理性，搬出锈迹斑斑的"冷兵器"，动辄以关税施压，滥用"国家安全审查"，搅得各国不得安生。且不谈规则意识和道义感，这种逆时代潮流而动的"美国优先"真的能让美国"再次伟大"吗？

"吹灭别人的灯，会烧掉自己的胡子。"贸易战带来的是"美国人整个购物车里的东西都涨价""这是美国消费者自己在埋单"。2018年美国农民净收入同比下降16%，跌至10年前国际金融危机发生时的水平。美国社会各界倍感失望，美国大豆协会、美国服装和鞋类协会、美国消费者技术协会等纷纷控诉，"提高关税只会惩罚美国的农民、企业和消费者。"

无视产业转移和国际分工背后的规律，华盛顿使"蛮力"就能把制造业全部搬回美国？这是痴人说梦！《南德意志报》最近刊文指出"恰恰在美国，倒退是完全不可能的"——想自己生产进口的那些产品，首先要重新拥有劳动力大军。现实是，美国许多地区正受到劳动力短缺困扰。经济数据不乏风险征兆，在制造业方面，一季度美国工业产值同比下降了2.1%，4月份又较3月份下降0.5%。美国用强权手段赤裸裸干预全球产业链，又会给美国带来什么呢？除了自毁形象，到头来只能是竹篮打水一场空！

华盛顿不是惯于标榜"国际责任"吗？美国四处挑起贸易战，已经严重破坏了世界经济秩序、破坏了"全球公共产品"。世贸组织已将2019年全球贸易增长预期从3.7%下调至2.6%，为3年来最低水平。这表明，恰恰是美国无视国际责任，再一次给世界制造了"衰退陷阱"。

美国一些政客的种种言行，让美国经济学家都嗤之以鼻："这种打着维护本国利益、劳工利益幌子，试图扭转全球化进程的举动，既不能解决国内问题，又损害美国长期构建的国际形象。"

美国在逆全球化路上正越走越远。而中国始终以责任和笃行全力支持全球化，向世界传递出中国担当——中国始终是世界和平的建设者、全球发展的贡献者、国际秩序的维护者。今日中国之开放，不是被动地跟随同行，而是主动地引领潮流，为站在"十字路口"的世界注入确定性。一退一进，公理在哪边？道义在哪边？人心在哪边？历史自有公论。

世界潮流，浩浩荡荡，顺之则昌，逆之则亡。一个国家不管有怎样的实力，倘若与潮流为敌、同大势作对，必然会碰得头破血流。今天的地球村早已不是蒙昧的原始部落，关起门来朝天过的日子也早已一去不复返，让世界经济的大海退回到一个一个孤立的小湖泊、小河流注定没有出路。历史已经证明，还将再次证明，谁拒绝这个世界，定会被这个世界所拒绝。我们奉劝那些美国政客：一味逆历史潮流而动必将失败！

《人民日报》（2019年05月25日　03版）

搞科技霸权就是阻碍发展进步

——拒绝竞争必将失败

钟 声

"一个事业若对社会有益,就应当任其自由,广其竞争,竞争愈自由、愈普遍,那事业就愈有利于社会。"在经济全球化深入发展的今天,亚当·斯密这句话依然具有启发意义。

令世人惊诧的是,美国一些政客竟然逆时代潮流而动,祭出科技霸权主义大旗,企图以拒绝竞争的种种蛮横之举挤压国际合作空间,打压其他国家发展壮大的合理权益。

一段时间以来,美国政府滥用国家力量,频频向靠艰辛努力走到世界前列的华为等中国高科技企业开火。在没有任何事实根据和确凿证据的情况下,以所谓的"窃取机密"、威胁"国家安全"等莫须有的罪名为借口,禁止华为参与美国的电信设备,尤其是 5G 设备网络的建设;随后,又以一纸行政禁令将华为及其附属公司列入出口管制"实体名单",操控多家美国公司"断供"华为……以"有罪推定"肆意抹黑,动用国家力量刻意打压,甚至要求相关企业"组团"

围堵遏制，这样的行径，何其无理，又何其霸道！

　　作为世界上的科技强国和经济大国，美方本应该明白科技发展的规律、懂得市场竞争的好处。然而，一些美国政客刻意忽视常识，频频人为干涉正常的科技合作和市场竞争。如果实在找不到理由，就拿"国家安全"说事。人们不禁好奇，如果动不动就能威胁美国"国家安全"，那这个头号科技强国也未免太脆弱了。明眼人一看就知，美方之所以以"国家安全"为由打压中国企业，无非是要遏制中国科技发展势头，为美国企业在全球抢夺5G技术等高科技领域市场、维持在国际产业分工中的垄断地位赢得空间和时间。这样的图谋，暴露的正是美国那种"只许自己发展、不许他人进步"的霸权心态；这样的行为，折射的正是美国一直以来"一家独大、赢者通吃"的专横霸道。

　　中国有句老话，叫"自胜者强"。面对竞争，最好的做法从来不是抹黑打压对手，而是提升自身实力。想要保持科技领先，美国本应下大力气升级本国企业技术、增强自身竞争力，而以白宫前首席战略顾问班农、美参院少数党领袖舒默为代表的一些人却大放厥词，极力渲染"中国给美国带来了'最大的生存危险'""中国想取代美国的科技主导地位并且一直在偷窃"，并声称"5G竞赛是一场美国必须赢的比赛"。其实，用卑劣手段打压竞争对手、人为阻隔互利双赢的合作，非但不会助推美国信息技术进步，反而只会迫使美国企业使用落后却昂贵的替代设备，在5G网络建设中落后于其他国家。用非正常手段为本国发展立起一把临时的"保护伞"，是不能将"假威风"变成"真本事"的。

　　有哲学家将"高尚的竞争"喻为"一切卓越才能的源泉"。市场经济的基本特征就是竞争。一个公平的良性竞争环境，可以不断激发市场主体的活力，促进生产要素有序流动、资源高效配置、市场深度融合，推动经济高质量发展。20世纪初，美国福特和通用公司正是在你追我赶的良性竞争中，双双成就了各自的品牌，做大做强了美国的汽车产业。

一个张口闭口标榜"自由竞争""市场经济"的美国，自己却无法理性对待竞争，无视国际贸易规则，动辄挥舞贸易保护主义大棒，打压他国科技企业，此等言行不一，又如何取信于国际社会？！

美国拒绝竞争就是阻碍发展进步，"围堵"对手保证不了自身的领先地位，不正当手段绝非是美国立于不败之地的"王牌"。热衷于搞科技霸权的那些美国政客应该想想，为什么纵使美国一些政客使出浑身解数阻挠中国企业参与全球竞争，美国硅谷各大公司依然抢在禁令生效前全功率给中国企业发货？为什么美国编造各种理由，一再蓄意抹黑华为公司，世界各国依然继续选择与华为合作？原因无他，就在于合作是共赢的事业，能够做大各方利益的蛋糕。拒绝竞争，只会冲击全球供应链并给世界经济平添不必要的风险。

几十年前，中国在被西方封锁的艰难条件下，依然造出了"两弹一星"。今天，中国科技创新发展的步伐更不会因美国一些政客的鼓噪和干扰就停下来。奉劝那些美国政客一句：想用强权独霸阻遏中国科技进步的强劲势头，想用围追堵截打压中国发展壮大的正当权利，注定是枉费心机！时代潮流不可阻挡。美国不可能靠雕虫小技、旁门左道保持领先地位。

《人民日报》（2019年05月26日　03版）

玩弄强权注定失道寡助

——唯我独尊必将失败

钟 声

西方有句谚语：自知之明是最难得的知识。然而，美国的一些政客就是看不清自己，也看不清世界大势，硬要走唯我独尊、强权政治的老路。

在"美国优先"的旗号下，这些人从未将其他国家的利益、世界各国人民的共同福祉放在心上。他们以"对华贸易吃亏论"为借口挑起贸易战，却闭口不谈美国长期从对华贸易中获得的巨大利益；他们把别国"危害美国国家安全"挂在嘴边，却闭口不谈自己遍布全球的情报网络；他们大肆抨击世贸组织等国际组织，却讳言自己就是当下全球治理体系的主要创立者和最大受益者……对于贸易战，美国总统贸易顾问彼得·纳瓦罗更是露骨地说，"由于美国拥有远远大于其他国家的实力，其他国家不敢（对美国）采取报复性措施"。这样的狂妄和嚣张，让人看清了"让美国再次伟大"这套说辞背后的真实货色。

支撑唯我独尊、恣意妄为的，是赤裸裸的霸权主义逻辑：美国定下的规矩就是全世界的法律，为了确保美国的利益，其他国家必须无条件让步。从美国副总统彭斯抛出"中国经济侵略论"，到纳瓦罗荒谬宣称中国商品正在抵押"美国的未来"，再到白宫前首席战略顾问班农叫嚣"中国出口过剩掏空美国中西部工业地区"……这些"手拿锤子"的美国政客，把正常的经济往来也视为钉子，看不得中国人民也能和美国人民一样过上富足的日子。在"美国优先"的大旗下，美国一些政客无法按捺内心的躁动，甚至不时向盟国发起攻势。人们注意到，不久前德国总理默克尔坦承，"战后秩序的确定性"开始瓦解，和美国总统的关系更加紧张了。美国已成为全球对手。

时至今日，为什么美国一些政客还沉浸在"天选之国"的迷思当中？还在做着"山巅之国"美梦？根本原因还是他们依旧信奉着那套"强权即真理"的旧观念，对世界的印象还停留在"丛林法则"的旧时代，对国家间关系还秉持着"文明冲突"的旧思维。这也就不难理解，为什么美国政府总是自诩为国际秩序的监护者、国际关系的裁判人。在世界多极化、经济全球化、文化多样化、社会信息化不可阻挡的今天，他们仍幻想自己就是这个世界的救世主，仍要把全世界当成是自家的后花园，以为可以横行霸道、为所欲为，甚至妄图以"美国优先"阻挡构建人类命运共同体的时代潮流。

如今，美国唯我独尊的霸权主义行径已经引发国际社会公愤。倍感压力的美国企业也纷纷作出调整，哈雷摩托等"美国制造""逃离"美国，埃克森美孚和特斯拉等纷纷到中国建厂……美国唯我独尊，在全球大搞霸凌主义，许多时候不过是一厢情愿。美国学者斯蒂芬·罗奇指出，2018年，美国同世界上102个国家之间存在贸易逆差，反映了美国国内储蓄极度不足——这是国会和决策者草率批准预算赤字造成的。更多学者指出，美国国内的不平等源于其错误政策，而不应指责经济全球化。遗憾的是，美国一些政客讳疾忌医，自己给自己开错了药方，硬把他国说成是"让美国再次伟大"的障碍。把脏水往别人身上泼，这样的偏执和任性不仅是在转嫁国内矛盾，更会蒙蔽自己的双眼，错过自我改善的时机，导致误国误民。正如美国学者罗伯特·卡根所说，一些政客和政策制定者正在主动促成美国的衰落，这些人"出于对臆想中的衰落的恐惧，很可能贸然采取相应对策，把一个超级大国引上自杀之路。"

人类历史发展到今天，没有哪一个国家甘于仰人鼻息、任人摆布。相互尊重、坦诚合作、互利共赢，方为各国应有的相处之道。当然，让一些傲慢固执的美国政客明白这一点，恐怕还是很难的。好在现实不会说谎、公道自在人心。中国有个成语叫"强极则辱"。任何一个国家，不走合作共赢的道路而醉心"零和博弈"，不遵公平竞争的规则而痴迷打压别国，不顾经济全球化的潮流而选择保守主义，到头来只会四面树敌、到处碰壁。唯我独尊、逆势而动只会损耗一个国家的实力，使其更加快速地从高台上跌落下来。翻一翻历史教科书，这方面的例证实在是太多了。

《人民日报》（2019年05月27日　03版）

"美国例外"是有害的文明优越论

——双重标准必将失败

钟 声

美国一些政客在国际事务中惯于使用双重标准、动辄搞所谓的"美国例外"。一句话,在这些人眼中,美国理所应当永远居于规则之上,规则的尺子是用来量别人的,和美国人自己毫无关系。

一段时间以来,美国一些政客手握双重标准,在贸易、债务、规则、人权等领域大放厥词,暴露出混乱的逻辑和倨傲的姿态。比如,在世界贸易组织规则问题上,众所周知美国才是迄今为止最大的"不守规矩者",然而美国一些政客却颠倒黑白,指责中国破坏世贸规则。又如,在全球气候变化问题上,明明是美方拒绝在共同文本中提及"气候变化",导致北极理事会部长级会议20多年来第一次未能发表联合声明,但美国国务卿蓬佩奥却指鹿为马,称中俄两国可能对北极造成生态破坏的威胁。凡此种种,无不暴露出美国"高于规则"的虚妄幻觉、予取予求的蛮横心态。

"美国例外"的本质,是一种文明优越论,即美国与其他任何国家都不一样，"注定是伟大的"并且"必将领导世界"。比如，在拉美事务上，美国长期视之为自家"后院"，炮制臭名昭著的"门罗主义"，动辄施压、威胁甚至颠覆别国政权，导致拉美地区不得安宁。又如，美国向一些国家输出所谓民主，结果带来了社会分裂、族群对立，已是人尽皆知。历史证明，这一观念不仅是虚妄的，也是极其有害的。

美国一些政客之所以有恃无恐，明目张胆大搞"美国例外"，归根结底在于深埋心中的霸权思维作祟。他们费尽心机编织各种谎言、找寻各种借口，实质上是打压别国正当发展权益，是以政治手段肆意干扰经济活动的霸凌主义行径。蓬佩奥以危害国家安全为由四处游说，威逼利诱各国政府拒绝同华为公司合作，恰是对美国标榜的市场规则、国际贸易准则的肆意践踏。对此，英国《卫报》文章切中要害地指出，蓬佩奥属于冷战时期的一代人，在当今世界依然沉迷于对"美国例外"和美国霸权的迷思。

再高明的魔术，也有被拆穿的时候，更何况是这些美国政客漏洞百出的言行。他们双重标准的所作所为，早已为国际社会所洞悉，常常沦为笑柄。比如，针对美国副总统彭斯假惺惺提醒他国"勿轻易掉入中国的'债务陷阱'"，巴基斯坦国民议会财政、税收和经济事务常务委员会主席阿萨德·奥马尔直言："当他们自己投资时，称这是出于贸易目的。当中国投资时，他们就描述成奴役小国的阴谋。这是虚伪的双重标准！""美国在对别人提要求时，自己也需遵守规则。"华盛顿的诸多做法让美国前财长雅各布·卢不得不给出这样的提醒。

在相互联系日益紧密的地球村，世界各国比历史上任何时候都需要增强规则意识，在通力合作中共同应对人类社会面临的风险和挑战。美国一些政客无权以牺牲别国正当利益为代价来维护自身优势地位，更不可能靠缺少道义的鲁莽之举"再次伟大"。奉行双重标准、搞所谓的"美国例外"，就是蓄意破坏国际规则，严重冲击国际关系体系的稳定。正如美国哥伦比亚大学经济学教授杰弗里·萨克斯所说，在各国利益密切交融、命运息息相关之时，"美国例外"的论调很可能让美国变成"21世纪的无赖国家"。世人心中自有一杆秤。不管是谁，违反国际公认的规则和标准胡来，到头来只能是偷鸡不成反蚀把米。

《人民日报》（2019年05月28日　03版）

信用破产是最大的破产

——言而无信必将失败

钟 声

"诚实是最好的策略。"华盛顿一些政客恐怕早已忘了美国开国元勋本杰明·富兰克林这句名言。美方在中美经贸磋商过程中言而无信、反复无常,前一刻说出的话,下一秒就能自我推翻,翻脸的速度比翻书还快。就连美国媒体也充满了质疑和忧虑:"对中国的策略变来变去,很可能会反伤美国自己"。

回顾中美经贸高级别磋商历程,人们可以将美国一些政客所谓"交易艺术"看得更加清楚。去年5月19日,中美双方达成不打贸易战的共识,仅仅10天后,美方就公然违背承诺、挥起关税大棒;今年5月5日,美方又重启关税威胁,使双方磋商遭受严重挫折。美方一些政客罔顾事实,竟然给中国贴上"倒退""背弃"的标签,指责中方"违背承诺""出尔反尔"。

翻手为云、覆手为雨,美国的一些政客干得实在是太多了。《纽约时报》评论说,美方"多次表示同意与其他国家达成新的贸易条款,但紧接着就谈论取消这些协议以实现更多目的"。这届美国政府一上台，就单方面退出了之前由其牵头的跨太平洋伙伴关系协定，给其他参与国来了个措手不及；去年，美国又单方面宣布退出伊朗核问题全面协议，使多年的艰苦谈判成果"付诸东流"，欧洲有国家直言"非常沮丧"，并表示将继续留在协议当中。《世界报》等8家欧洲媒体组织的一项调查显示，超过四成的欧盟受访者认为，美国已不再是欧盟可以信赖的安全伙伴。

"失信"的坏名声普通人都避之唯恐不及，为何美国政府在国际事务中毫无忌惮地玩变脸？深究起来，恐怕还是一些身居高位的美国政客，错把国家之间的交往当成了一场纯粹的商业投机活动，误以为国与国之间只有零和博弈。这些政客一门心思盘算着如何实现自身利益最大化，国家的道义形象早已弃之如敝屣。食言而肥，终会自酿苦果。美国这些政客的每一次出尔反尔，都是对自己国家信誉的又一次损耗和挥霍。美国《财富》杂志的评论员发出的追问引人深思：即便美方接下来又想和中方谈判，中国人还能信任一会儿说"中国在杀死美国"，一会儿又说"我们与中国的关系很好"的美国政客吗？如今，世人有一个共同感受，就是美国的公信力大厦根基正被华盛顿一些政客的言而无信蚕食，长此以往，终将岌岌可危。

在世界经济的大海中，各国互通有无，船只川流不息，靠的是信用之帆和规矩之锚。互信是国际关系中最好的黏合剂。中国愿同其他国家一道，坚持把对话协商利用起来，坚持把多边主义奉行到底，共同守护好人类社会的"信用堤坝"。只要坚持求同存异、聚同化异，通过坦诚深入的对话沟通，就一定能增进战略互信，持续推进国家间广泛合作，造福各国人民。

中国人讲，"人而无信，不知其可也"，更强调"言不信者，行不果"。过去一年发生的事情已充分说明，美国一些政客的出尔反尔、极限施压，对中国是无效的、徒劳的。一句话，华盛顿的决策者必须改弦更张，言行一致、表里如一，回到重信守诺的轨道上来。

《人民日报》（2019年05月29日　03版）

难道非要撞了南墙才回头

——一意孤行必将失败

钟 声

"一场经贸摩擦,让世界看到了一个有担当负责任的中国和一个一意孤行的美国。"埃及《金字塔报》资深记者萨米·卡姆哈维的话意味深长。

近年来,美国一些政客被"美国优先"遮住了双眼,大搞贸易保护主义、单边主义,肆意挥舞关税大棒,全然不顾中美两国人民和全世界人民的强烈反对。他们声称贸易逆差就是对美国的"经济掠夺",三番五次地向多国挑起贸易争端;他们吆喝"别国科技发展会伤害美国"的谬论,频频动用国家力量打压别国企业,甚至不惜胁迫盟友"组团"围堵;他们声称国际贸易规则"令美国吃亏",肆意冲撞破坏多边贸易体制。这些蛮不讲理、任性妄为的行径,不仅是对别国正当发展权利的打压,也是对国际规则的践踏。

今天的世界,是一个经济全球化、世界多极化深入发展的世界,也是一个各国利益日益交融、命运与共的世界。美国一些政客无视历史潮流、无视反对声音，说到底，无非是只想当随意制定规则的"吹哨员"，不想做遵守规则的"运动员"；无非是只想自己单赢，不想各国共同发展。于是，"让美国再次伟大"成了将美国利益凌驾于别国正当利益和国际社会共同利益之上的"正当理由"，"贸易零和"成了对国际规则和国际机制"合则用，不合则退，不合则毁"的堂皇借口。如此蛮横无理，还有何公义可言？

哪怕是在美国国内，这样的一意孤行，也遭到各界有识之士的强烈谴责和反对。美国布鲁金斯学会高级研究员罗伯特·卡根就批评道，一些政客为了一点私利，榨干国际社会，迅速摧毁70多年来的国际秩序，破坏为防范国际混乱而建立起来的信任和共同使命感。前不久，阿迪达斯、耐克、彪马以及美国170多家鞋类制造商和零售商联合致函美国政府，指出美国对中国输美鞋类产品加征关税，将对美消费者、制鞋企业和美国经济造成灾难性后果。然而，美国这些政客全然不顾"贸易管用，但关税不管用"的呼声一浪高过一浪，全然不顾美国农民无奈诉说他们正在经历"艰难的经济时刻"，依然我行我素、执迷不悟。

一味任性胡来，是对美国自身国际信誉和国际形象的损耗，也是对世界各国合作大环境的搅扰破坏。欧洲理事会主席图斯克就正告美国政府："要贸易，不要战争。"美国那些政客是不是该想一想，为什么美国针对华为的禁令一出，多位欧洲国家领导人就明确表示，封杀华为毫无先见之明，欧洲国家不准备效法美国？得道多助，失道寡助。试图以保护主义阻挡经济全球化大潮的举动，注定不得人心；试图以单边主义阻拦世界多极化大势的行径，注定徒劳无功。美国《大西洋月刊》的文章指出，想要将中国排除在全球创新之外的努力，最终只会令美国陷入孤立。

早在两千多年前,中国汉代的文学家桓宽就告诫,"距谏者塞,专己者孤。"学会倾听,既是一种美德,更是一种智慧。我们奉劝美国那些政客听听美国社会各界的呼声,听听世界各国的批评警告,及早醒悟、迷途知返,莫要一条道走到黑,不撞南墙不回头。

《人民日报》(2019年05月30日　02版)

机关算尽一场空

——自作聪明必将失败

钟 声

中国有句老话,叫做"聪明反被聪明误",用在美国一些自以为是、自作聪明的政客身上,可谓恰如其分。

从刚打贸易战时认为"贸易战是件好事且很容易打赢",到主观认为"极限施压"就能迫使别人"就范";从把出尔反尔当作"交易艺术",到滥用国家力量抹黑和打压他国企业;从处心积虑炮制"中国盗窃知识产权论",到耸人听闻地抛出"对华文明冲突论"……美国一些政客不停地折腾,让世人看到了什么叫"机关算尽"。然而,这样的小聪明,除了让一些人陶醉于自欺欺人的"胜利",对世界来说是十足的负能量。如果说美国一些政客提供的反面教材还有什么益处的话,那就是帮助人们增强了"树欲静而风不止"的清醒,坚定了做好自己的事情、以坚定的意志和不断增强的实力赢得未来的自觉。

美方的自作聪明,无非是想通过种种"小动作"攫取更多利益。

殊不知，美方在向全世界开火的同时，也是在向自己开火。国际货币基金组织发布报告称，美国挑起对华贸易战以来，关税上升造成的成本几乎全部由美国进口商承担，部分关税已转嫁给美国消费者。最近，美方加大对华为公司的封锁打压力度，美国科技股应声下跌，多家关联美国公司的股票受到重创，为华盛顿一些政客鼓噪的"科技冷战"埋单。

"信奉强权甚于规则，信奉利益甚于理想。"狭隘的心态，让那些美国政客机关算尽，不切实际地认为单边胁迫、极限施压是个管用的方法。美国彭博社指出，美国政府在各处开展的贸易战场上频繁动用国家安全审查手段，如此行事会开糟糕的先河，也难以避免引火烧身。事实的确如此，美方一再挑战现行多边秩序，成为现行国际体系的最大破坏者和最大不稳定因素。对美方的这种搅局之举，世界各国的有识之士纷纷发出正义呼声，严词批评美方一系列逆势而动行径。蛮横无理、一意孤行的霸凌主义行径不得人心，只会遭到更强烈的反制。

美国数学家图克曾说："假如大家都想最大化自己的利益，最终往往会落得两败俱伤的结果。"美方的自作聪明，骨子里还是"零和博弈"的思维。然而，美方低估了他国维护核心利益的能力和决心。已有多个国家对美国挑起贸易争端采取反制措施，并在世界贸易组织起诉美国。美方想当然认为通过对几千亿美元的输美中国商品加征关税就能把中国吓倒，那是打错算盘了。在一个你中有我、我中有你的世界，始终幻想贸易战"很好赢"、对手"很容易输"，实在是愚不可及。恰如德国《明镜》周刊所言，美国一再误判对手的智慧、策略和坚定，结果只会导致混乱和危机升级。

读读历史就能明白，真正的智慧来自合作共赢，自作聪明、以邻为壑，路只能越走越窄。美国哥伦比亚大学经济学教授杰弗里·萨克斯的著作《新外交政策——超越美国例外论》指出：在各国利益密切交融、命运息息相关，比历史上任何时候都需要加强国际合作、共同应对人类社会面临的风险和挑战之时，美国政府一意孤行，采取"美国优先"的极端主义政策，蓄意破坏国际规则，是根深蒂固的"美国例外论"。这种"有毒"观念及其做法，不仅对美国的伤害是巨大的，对世界也是非常危险的。

中美作为两个大国，合则两利、斗则俱伤，公平合作是双方唯一正确的选择。美方的政客倘若看不清历史大势，依旧沉迷于自以为是、挑起对抗、恫吓施压、升级冲突，注定只能是机关算尽一场空。

《人民日报》(2019 年 05 月 31 日　03 版)

亚当·斯密在悄悄流泪

——看清美国某些政客"合则用、不合则弃"的真面目

钟 声

"劳动生产力上最大的增进,以及运用劳动时所表现更大的熟练、技巧和判断力,似乎都是分工的结果。""现代经济学之父"亚当·斯密在《国富论》开篇对"分工"的定义,奠定了自工业革命以来世界经济学的基石。如同一些美国知名学者所言,如果说美国的发展是一个奇迹,那么奇迹的源泉之一就是这部著作。

对自由市场的追求,让美国在形成全球大市场、国际大分工的历史进程中脱颖而出;对公平竞争的坚持,向来是美国引以为傲的价值坐标。但时至今日,美国的一些政客似乎早已忘记了自己的来路,或者明明知道何为世界经济发展的正途,却为一己之私利不顾一切要挡住别人的路。市场这只"看不见的手",正在被华盛顿那双"霸道的手"束缚。

亚当·斯密用制钉工人论证分工的意义,但在美国的一些政客那里,手握着锤子就看着什么都是钉子。美方情报官员频频炒作一

些莫须有的在华经营风险，美国政府部门以"国家安全"名义对中国企业围追堵截，甚至四处对盟友施压企图限制中国企业……开放自由理念不再，公平竞争价值不存，美方一些政客的种种异动，彻头彻尾毁掉了自诩的"公平竞争捍卫者"形象。甚至连一些美国媒体都看不下去了。针对美国国务卿蓬佩奥"只要把信息交给中国共产党就构成了风险"的荒谬言论，美国媒体犀利指出：美国政府拿不出任何证据证明其针对中国企业所谓"窃取美国公司技术、涉嫌间谍活动"的指控。相反，"棱镜门"丑闻却早已坐实了美国政府对公民的大规模窃听行为。

华盛顿对中国高科技企业的"定点清除"式打压，也是一面镜子，它照出了一些美国政客的伪善：所谓的贸易自由主义就是对自己行自由，让他人无路可走；所谓的公平竞争就是一切唯我独尊。单边主义盛行，高举保护主义大棒，践踏的正是自由与开放的信条。

立于全球产业链最高端，得益于国际分工最大受益者、世界贸易规则主要制定者、众多跨国巨头拥有者的优势身份，美国早就在经济全球化大潮中赚得盆满钵满。但是，自由市场公平竞争原则于一些美国政客而言，依旧是"合则用、不合则弃"的摆设。20世纪80年代让日本打掉牙往肚里咽的"广场协议"，以司法为武器围猎法国能源公司阿尔斯通的"美国陷阱"……正所谓"古已有之，于今为烈"。只是，习惯了"零和博弈"的那些政客们有没有想过：没有了公平竞争，美国也会失去健康发展的未来。

如果美国先辈有知，看到今天的局势定会失望：当一个国家的政策被零和对抗思维驱动，参与全球产业分工的基础就荡然无存了，它不再是全球秩序的维护者，而是麻烦制造者、风险酝酿者。指责"中国长期从事不公平贸易"、要求所谓"公平、对等"贸易，是对基本经贸常识的假装无知；摆出一副"美国吃亏"状，高呼"买美国货、雇美国人"，只会对全球产业链作出一厢情愿的扭曲。在一个嵌入式发展的世界，企图搞"脱钩"，是违背经济规律的政治任性，美国农民不会因此受益只会陷入困境，美国经济不会"再次伟大"只会掉头向下，美国资本市场不会蓬勃向上只会成为风险样本……

贸易本该是互惠互利下的双赢。我们不指望一些美国政客可以达到亚当·斯密《道德情操论》所言的"正义、仁慈、良心"，但成为《国富论》所讲的"理性经济人"，应是不难的选择。人类社会发展到今天，公平竞争、互利共赢的市场秩序愈发突显其价值，最大的理性就是认识到公平竞争、合作共赢的意义与价值。美国经济学家杰弗里·萨克斯最近发表文章，呼吁美国人清醒起来，承认"中国并不是（美国）经济问题的源头"。不知这样的声音，能不能让那些执迷不悟的政客们有所醒悟？

《人民日报》（2019年06月04日　03版）

留下玫瑰，授人荆棘

——看清美国某些政客"合则用、不合则弃"的真面目

钟 声

"我们寻求基于公平的关系，这就是互惠和尊重主权。"美国副总统彭斯这番话说得倒是好听，但美方现实中却是追求自己受惠别人吃亏，信奉赢者通吃。试问，如果华盛顿真的追寻互惠互利，美国一些政客为什么动辄挥舞关税大棒，毫不掩饰地吹嘘加征的关税能给美国带来数百亿美元收入，而贸易伙伴将蒙受巨大损失？

"有一套全球适用的游戏规则对所有人都有利，但这些规则的内容特别有利于美国。"美国《外交政策》杂志最近的一篇文章道出了实情。美国作为多边贸易体制的主要创建者和长期主导者，一直在贸易自由化、投资便利化方面占得先机。凭借技术、资金、规则等方面的优势，美国建立起以跨国公司为主导的全球价值链，在全球市场特别是中国市场获得了巨大利益。比如，美国通用汽车公司在华产量就占到其全球产量的40%；美国高通公司在华芯片销售和专利许可费收入占其总营收的57%，英特尔公司在中国（包括香港地区）

营收占其总营收的 23.6%；2017 财年，苹果公司大中华地区营收占其总营收的 19.5%。据美国官方统计，仅从 2009 年到 2016 年，美国跨国公司就实现在华投资存量增长 111.4%、销售增长 140.3%、净收入增长 151.3%。可以说，美国不仅没有在全球价值链上"吃亏"，反而获利巨大。

美方见不得别人也好。为了保持世界领先地位、保证一家独大，甚至不惜动用国家行政力量，以各种"莫须有"的罪名，打压别国科技企业，为美国企业在全球抢夺高科技领域市场、维持在国际产业分工中的垄断地位赢得空间和时间。看到中国华为公司在 5G 电信设备等技术领域领先，他们就将华为及其附属公司列入出口管制"实体名单"，美国国务卿蓬佩奥还以"危害国家安全"为由四处游说，威逼利诱各国政府拒绝同华为公司合作；看到海康威视在全球安防行业属于龙头，美国众议院便通过增补提案，以国家安全为由禁止美国联邦政府采购某些中国制造商供应的视频监控设备；看到中国无人机行业发展势头强劲，美国国土安全部就无端公开指责，"中国产无人机在窃取数据"。人为干预市场的正常交易，滥用"国家安全标准"，把有关问题政治化，无非是想在市场上分到更大的"蛋糕"，无非是想赢取更多的利润。如此蛮横无理，谈何"互惠互利"？

不仅是中国企业，在美国那些政客眼中，所有美国企业的竞争对手，恐怕都是"眼中钉"。"美国希望控制整个世界的贸易""它重新定位了自己的情报机构，侧重于收集经济情报和秘密监视竞争对手，就像斯诺登所揭发的那样""《反海外腐败法》得以应用，美国司法部主要针对欧洲公司展开行动。迄今为止，已根据此法缴纳罚款超过 1 亿美元的 29 家企业中，15 家是欧洲企业，而美国企业只有 6 家"……前法国阿尔斯通公司高管弗雷德里克·皮耶鲁齐在《美国陷阱》一书中，用其亲身经历讲述了美国如何将国内法当成经济战武器，以种种非常手段削弱打压竞争对手。

美国一些政客至今还渴望着永远保持一种"美式坐享其成"，即发展中国家向美国出口低附加值的资源、货物和服务，而美国则向世界各国出口美元、金融产品和无关美国核心竞争力的低端技术。对处于上升期、可能成为美国竞争对手的国家，华盛顿的政客们会毫不犹豫地予以打压。我们不妨听听白宫前首席战略顾问班农是如何叫嚣的——"贸易战的最终结果将重新洗牌全球的创新链、生产链、供应链，使全球重新围绕在以美国为中心的热爱自由的国家周围"。说到底，在美国一些政客的头脑中，互惠互利不过是假借的旗号，贪婪自私才是其价值的内核。

当今时代，各国同处于地球村，相互依存是客观现实，相互合作是共同需要，携手发展是大势所趋。"留下玫瑰，授人荆棘"的行为是地球村的公害，注定要遭到更多的抵制和唾弃，注定必将失败。

《人民日报》（2019年06月05日　03版）

国际论坛

国际关系岂能退回到野蛮时代

五月荷

车水马龙的道路上,一个驾车人忽然挂起倒挡,还踩下油门"撒野"——结果可想而知,各式剐蹭、碰撞、损失,形成连锁效应。这样的事情,如果发生在全球产业链上呢?如果发生在国际关系发展进程中呢?现在,已经不用"如果",美方竟然就这样做了!

美国政府当前关于对外贸易的偏执决策,被国际舆论批评为"荒诞的倒退"。欧洲媒体还对美方发出警示,不要把中国当成狂野的美国西部。

虽然美方一再凭空自吹"美国赢了",但国际舆论纷纷说"美国输了"。原因很简单,美方的撒野是愚蠢的,不顾一切地打击了美国农业、攫取了美国消费者和企业的利益,也严重冲击了原本使美国大大获益的全球产业链。

挑起对华贸易争端,让美国农业雪上加霜,这是当前备受关注的情况。随着国际市场大宗商品价格下跌,美国农民收入在过去6年已经减少一半,原本大量出口中国的农产品现在销路遇阻,更让他们愁上添愁。2018年，美国农民净收入同比下降16%，跌至10年前金融危机发生时的水平。现在美方升级贸易摩擦，美国农民更加叫苦不迭，美国农会联合会5月15日不得不再次呼吁立即停止贸易战，强调美国农业正因出口损失扩大而陷入困境。

美国经济第二季度开局数据也不乏风险征兆。美国商务部上周公布的数据显示，在贸易形势紧张、全球经济放缓和2017年税改效应渐消的综合影响下，美国4月消费领域和制造业的指标均出现下滑。美国联邦储备委员会数据还显示，美国4月工业产值较3月下降0.5%，环比降幅扩大，且第一季度折合成年率的工业产值下降2.1%。

但是，美国决策者对美国经济之忧继续保持选择性失明。他们浑然不知经济全球化已经何等深刻地塑造了世界，毫不理会国际分工的现实意义和深远影响，只是一再使"蛮劲"试图把制造业立即全部搬回美国。问题是，行得通吗？《南德意志报》最近刊文指出"恰恰在美国，倒退是完全不可能的"——上个世纪初，美国有意识淘汰陈旧工业，向服务业与金融业转型，美国因此流失的不仅是制造业岗位，还有众多制造业岗位的职业技能。美国现在想自己生产进口的那些产品，需要首先重新拥有具有相关职业技能的劳动力大军。但现实是，美国许多地区正受到劳动力短缺困扰。况且，正如国际观察家们所言，绝大多数美国消费者恐怕不会愿意为了追求"美国制造"而斥资2000美元去购买原本只要1000美元的智能手机。

欲进而不能，美国决策者的焦虑心态时时作祟。他们看着世界上越来越多国家携起手来通过优势互补、分工合作实现共同发展，非常担心自己显得不再那么"伟大"。看到其他国家在创新领域不断取得卓著成绩，他们就蹿火了——美国商务部日前宣布，正式将华为公司及其数十家关联企业列入出口管制实体名单。这意味着美国公司在未经批准的情况下不得销售产品和技术给华为，且美国政府在审批相关交易申请时能以"假定威胁"为由拒绝。荒谬霸道至极！这是用强权手段赤裸裸干预市场自然形成的全球产业链，堪称当代国际经贸关系史上最野蛮的行径。

"美国正在被人占便宜。我们是一个债务国，我们必须加征关税，我们必须保护这个国家。"美方如此喋喋不休之论，怎么看都是短见识、不讲理、缺道德。国际舆论纷纷作出反应，都感觉有必要跟它理论一下是与非。德国有媒体发文强调："如今的国际产业分工，给新兴工业国家带去了上亿工作岗位，促使其社会发展水平上升，而且也通过降低物价提高了发达国家人民的生活水平。"至于说美国是一个债务国，这个板子更打不到别国身上。国际媒体纷纷提出，中国是美国最主要的债权国，这一事实本身意味着中国是美国最重要的资助者，美方对中国的指责就是无理取闹。

值得强调的是，贸易战绝非儿戏，扰乱了全球生产、供应链，就会连锁破坏世界经济发展。接受路透社最新问卷调查的大多数经济学家都认为，中美贸易摩擦增加了美国经济衰退风险。该项调查显示，未来两年美国经济陷入衰退的可能性升至40%，该指标比上月多了5个百分点。10年前美国金融危机拖累世界经济的往事，让人记忆犹新。如今全世界都在看，美方究竟还要举着关税大棒在错误路径上走多远？

合作，双方都有诚意才能实现；对抗，有一方挑起就足够了。谁都清楚，偌大的中国完全不会惧怕别人冲上来叫阵、下战表，也完全做好了应对各种挑战的准备。美方选择狂撒野、强逞能，但总有耗尽气力的时候。正如美国布鲁金斯学会中国问题专家瑞安·哈斯所指出，美国现政府既高估了其迫使中方按照美方意愿行事的能力，又低估了中方反击美方的杀伤力。

　　历史的车轮永远是往前走，不以任何人的意志为转移，无论他是谁。开倒车的，充其量只能得一时之利；为求一己之利而冒天下之大不韪，就更无从谈起他们标榜的"伟大"。经济全球化是不可逆转的时代潮流，各国人民命运休戚与共，各国利益相互交融。在人类文明之光引领下，国际关系不会退回到野蛮时代。时间，终将证明这一切。

《人民日报》（2019年05月20日　03版）

国际论坛

美国市场变成了风险样本

五月荷

近日,针对中国企业,美国方面开始实施"连环封杀"伎俩,着实震惊世界。华为、海康威视、中车……这些中国企业因其技术领先、品质优异受到国际市场欢迎。但是,美国一些人竟因此暴发了"红眼病",他们甚至试图"连根拔除"中国企业正常经营活动。

有目共睹,美国一些政客一直在琢磨,如何逼迫企业不卖给谁产品,如何迫使消费者买不到什么产品。他们标榜的市场经济哪里去了?他们标榜的自由贸易又到哪里去了?他们又是从哪里获得了随心所欲决断的权力?美国的市场经济莫不会就此被灭掉吧?现在的美国市场究竟由谁说了算?人们不得不提出这样的疑问。

自知底气不足,美国一些政客于是乎起劲编造"窃取知识""强制技术转让"等谎言扰乱视听,企图掀起惊涛骇浪来冲击经济全球化进程中自然形成的合作"契约"。国际舆论纷纷指出,美国一些政客摆出开启"技术冷战"的架势,目的就是要遏制他国高新技术发展,不择手段地建立美国的技术霸权。据德国媒体报道,多数德国读者近日表示对美国"互联网权力太大"感到愤怒,指出"认为跟着美国走,拒绝华为、购买美国产品就能万事大吉的想法太天真",强调"欧洲必须警醒起来,开发自己的智能手机操作系统"。

明眼人都能看出,美国一些政客的言行实际上是在给美国企业挖坑,毁其信誉,断其财路。美国的芯片、美国的安卓……如果美国产品在华盛顿政治指挥棒驱使下变成全球供应链上的不确定因子,它们就只能成为弃子。世界经济的大海,没有美国的几条鱼又何妨?70多亿人口的世界上,绝不是只有美国人才会研发芯片和操作系统。美国一些人的偏执,在于其根本不明白美国需要全球大市场。

没有稳定、有序的营商环境,就不会有可靠的创造财富的机遇。现在,美国动不动就陷入自设的、子虚乌有的"紧急状态""特殊威胁"之中,如同把"国家安全"当笑话来讲。美国一些政客不停高喊"狼来了",以种种不合时宜的做法把美国的营商环境变成了反面教材。人们可以看到这样一个市场风险分析样本:当一个国家的政策被零和对抗思维驱使,实践中偏执于贸易霸凌行径,这个国家便无法踏踏实实参与全球产业分工了,因为它随时可以摇身一变成为麻烦制造者、风险酝酿者,它注定要不停地在有实力同其竞争的国家中间寻找新的靶子。美国一些政客图的就是"老子天下第一"的得意洋洋,稍稍感到技不如人,便开始厚黑无度。

但是,经济全球化滚滚向前之势不可逆转。中国,处于世界共同关注与期待的目光之中。纵然风劲角弓鸣,我自岿然无惧。历史和现实都反复证明,愈是外来高压来袭,愈见中华民族高度团结之力量,愈见中国人民勇于奋斗之精神,愈见中国化危为机之本领。因为,"中国人独特而悠久的精神世界,让中国人具有很强的民族自信心,也培育了以爱国主义为核心的民族精神"。因为,中国实干兴邦的步履，已经开辟出一条通往光明前景的大道。还因为，中国同全球伙伴们的合作方兴未艾，中国"朋友圈"不断壮大，"一带一路"风光正好。

毫无疑问，这是以开放合作为主流的时代，智慧的人都在携手合作，为共同发展搭桥铺路，在共赢中成就繁荣。

奉劝美国一些政客不要失去起码的现实感，世界上没有哪个国家是别人命运的主宰者。合作共赢的时代潮流浩浩荡荡，某些人不光彩的计谋不过是一厢情愿的白日梦。

《人民日报》（2019年05月23日 04版）

人民论坛

中国的发展是世界的机遇

陈 凌

如今,对于许多中国普通民众来说,进口樱桃早已不是什么稀罕物。然而,很多人却不知道,小小樱桃在中国的走红,竟给大洋彼岸带来了商机。今年年初,8个装满阿根廷巴塔哥尼亚新鲜樱桃的集装箱抵达中国港口,樱桃在春节期间很快被抢购一空。这意味着,继智利之后,阿根廷樱桃进入中国市场。这样的"甜蜜共享",既是合作共赢的生动写照,也是中国开放大门越开越大的有力印证。

今天的中国,不仅是"世界工厂",也是"世界市场"。以2018年的数据测算,在中国市场,仅一个小时,外贸进出口值就超过5亿美元,百姓用于购物和餐饮的消费达43亿,快递企业处理的快递超过600万件。如此巨大基数,如此强劲势头,外国企业家感慨:"中国市场规模之大、范围之广令我折服,中国市场活力之盛、潜力之深始终令我惊叹"。大市场孕育大机遇。一个近14亿人口的庞大消费市场,一个世界上规模最大、成长最快的中等收入群体,这既是中国独一无二的市场潜力所在,也是世界寻找新动力、开拓新空间的发展机遇所在。

更重要的是，中国市场，不仅有量的扩大，更有质的提升。放眼中国，以前大家关心的是"有没有"，现在更注重"好不好"；以前想的是"买啥货"，现在多考虑"买啥牌"，人们的消费偏好正从"越便宜越好"向多元化、个性化、品质化转型，消费升级浪潮正涌。这为越来越多的跨国企业提供更多潜在机遇。从特斯拉成为首个在中国落地的外资独资新能源车企，到星巴克计划每年在中国大陆新增门店600家，再到德国巴斯夫投资100亿美元在广东湛江建设精细化工一体化基地，为何越来越多的外国企业纷纷扩大在华投资？他们看中的，正是中国经济转型升级带来的宝贵机遇。可以说，中国的发展，是世界的机遇；中国发展越快，世界机遇就越多。

经济全球化时代，哪里有市场，哪里更具开放的诚意，企业就到哪里去。无论是出台外商投资法，还是实施准入前国民待遇加负面清单管理模式；不管是继续削减行政审批和许可事项，还是宣布"将进一步降低关税水平，消除各种非关税壁垒"，中国始终以坚强的决心、坚定的步伐，不断深化改革开放，持续优化营商环境。满满的诚意，也让中国成为投资的热土：在2018年全球跨国投资下降19%的情况下，中国却逆势增长，实际使用外资1383亿美元，稳居发展中国家首位；全年新设外资企业超过6万家，增长69.8%。一个潜力无穷、更加开放的中国，必将如同一块超级磁石一样，受到外资的青睐。

立己达人，兼善天下。中国人深知"独行快，众行远"的道理，中国愿意和其他国家分享发展机遇，也欢迎别国搭乘中国发展的列车。中国人历来重信践诺，与中国打交道，只会收获合作共赢的友谊与实实在在的利益。历史已经证明,并将继续证明,"一个更加开放的中国,将同世界形成更加良性的互动,带来更加进步和繁荣的中国和世界"。

《人民日报》(2019年05月29日　04版)

人民论坛

中国经济发展为世界作出巨大贡献

李浩燃

来自200多个国家和地区的采购商踊跃参与,高技术、高品质、高附加值的参展产品成为"香饽饽",累计出口成交额达1995亿元……不久前闭幕的第125届广交会,人潮涌动、交易活跃,折射出我国外贸势头好、动能足。世贸组织发布的数据显示,2018年中国占全球出口、进口的份额分别是12.8%、10.8%,成为全球贸易运行的"稳定器"。贸易如同一个生动缩影,印证着一个朴素道理:中国的发展离不开世界,世界的发展也离不开中国。

国际货币基金组织总裁拉加德曾表示,"世界需要中国,全球经济增长离不开中国的持续发展。"观察中国发展、认识中国经济,既要看中国取得了什么成就,更要看中国为世界作出了什么贡献。在外国观察家眼中,改革开放以来中国的发展,堪称"我们这个时代最激动人心的事件"。今天,中国制造、中国创造、中国建造共同发力,继续改变着中国的面貌;中国经济勇立潮头、发展壮大,练就了强健筋骨,也为世界作出了巨大贡献。

中国经济的贡献，体现于作为全球经济增长的重要引擎，拉动世界经济可持续发展。改革开放至今，中国经济多年保持快速稳定增长，创造了举世瞩目的东方传奇，占世界经济的比重逐渐增加。国际金融危机爆发以来，中国经济增长对世界经济增长的贡献率年均在30%以上。2018年，中国经济实现了6.6%的较高增速，经济总量首次突破90万亿元大关。今年前4个月，中国经济开局良好，保持了良好增长态势，主要经济指标数据超出预期，提升了全球经济复苏的信心。国际社会公认，中国经济已成为世界经济发展的稳定之锚。

中国经济的贡献，体现于主动向世界开放市场，让各国人民搭乘中国发展的快车、便车。近年来，中国扩大开放的努力令世界瞩目。在第二届"一带一路"国际合作高峰论坛上，中国又推出5个方面的扩大开放举措，与会各国工商界人士签署了640多亿美元的项目合作协议，合作共赢的"蛋糕"越做越大。世界第二大经济体、第一大货物贸易国、第一大外汇储备国，拥有世界上规模最大的中等收入群体，消费增长潜力巨大……今日之中国，既是品类齐全的"世界工厂"，也是规模超大的"世界市场"。预计未来15年，中国进口商品和服务将分别超过30万亿美元和10万亿美元。一个全方位对外开放的中国，释放着无尽的发展红利，对世界而言机遇无限，贡献更大。

中国经济的贡献，体现于推动经济全球化，完善全球经济治理。在经济全球化进程遭遇挑战的形势下，中国秉持"和""合"理念，倡导合作共赢、共同发展，为推动经济全球化注入源源不断的动力和活力。中国倡导共建"一带一路"，顺应经济全球化的历史潮流，顺应全球治理体系变革的时代要求，为世界经济增长开辟了新空间，为国际贸易和投资搭建了新平台，为完善全球经济治理拓展了新实践。中国同一大批国家的联动发展，使全球经济发展更加平衡。中国支持多边贸易体制，促进贸易和投资自由化便利化，致力于做全球经济治理体系的建设者，努力为解决全球治理赤字、信任赤字、和平赤字、发展赤字贡献中国智慧、中国力量。

"浩渺行无极，扬帆但信风"。对于一个拥有近14亿人口的发展中大国而言，中国把自己的事情办好了，对世界而言就是贡献。中国经济具有持续稳定增长的韧劲，不惧料峭春寒，经得起风浪考验，必将继续为世界经济的稳定、健康、持续发展注入新动能。

《人民日报》（2019年05月30日　04版）

加征关税伤害美国经济

——美国社会各界强烈反对提高中国输美商品关税

人民日报驻美国记者　吴乐珺

美国贸易代表办公室5月8日宣布,将从5月10日开始把价值2000亿美元中国输美商品的关税从10%提高到25%。中美经贸磋商尚在进行中,美国社会各界强烈反对美国政府提高关税,认为这只会伤害美国经济。

突然提高关税将严重打击美国企业

对中国输美商品加征关税将伤害美国消费者,这已成为美国社会各界的共识。近日,不少美国行业组织和企业纷纷发声,反对美国政府提高关税。

美国大豆协会7日发布公告,敦促美国政府取消对中国商品加征关税的计划,期待美国政府通过谈判与中方建立更好的贸易关系。美国服装和鞋类协会主席里克·赫芬贝说,提高关税只会伤害美国家庭、美国工人、美国公司和美国经济。美国消费者技术协会主席加里·夏皮罗表示，突然将关税提高到 25% 将"扰乱市场，损害美国企业"。

美国零售联合会负责政府关系的高级副总裁弗伦奇表示，突然提高关税将严重打击美国企业，特别是那些资源有限、无法减轻影响的中小企业，"美国消费者将面临更高的价格，美国的就业机会将会减少"。

位于华盛顿的美国商务咨询机构"全球贸易伙伴关系"的一项研究显示，对价值 2000 亿美元中国输美商品征收 25% 的关税，连同现有的对 500 亿美元中国商品征收 25% 的关税，以及对进口钢和铝产品加征关税，将导致美国每年减少 93.4 万个就业岗位，给四口之家增加 767 美元的生活成本。

美国消费者的钱袋子"瘪了下去"

提高关税对美国消费者的影响是实实在在的，让民众的钱袋子"瘪了下去"。《华尔街日报》报道指出，加征更高关税将对美国普通消费者产生巨大影响，因为涉及的是一系列消费品，包括杂货、纺织品、服装、体育用品、肥皂、灯具和空调等。

美国商会去年在其网站上开设了名为"贸易管用，但关税不管用"的专题页面，认为美国企业和消费者正承受着贸易战的冲击，并用从浅到深的红色来标注正在进行的贸易战对美国各州和企业造成的伤害。点开任意一个州，都可以查到贸易争端对该州主要行业的影响。地图上受伤害最严重的深红色越来越多，已覆盖近 40 个州。

近日，芝加哥大学和美国联邦储备委员会的一项联合研究用"洗衣机的例子"来证明提高关税对消费品的影响。结果显示，自2018年1月美国对进口洗衣机加征关税以来，洗衣机的平均价格上涨了12%，美国消费者每年在洗衣机和烘干机上的支出增加了15亿美元，每台洗衣机要多花86美元，每台烘干机要多花92美元。

纽约联邦储备银行、哥伦比亚大学和普林斯顿大学经济学家的一项研究发现，美国政府提高关税——包括对钢铁、铝、太阳能电池板和中国进口产品加征关税，税负完全落在了美国消费者和企业身上，至少让美国消费者每月损失14亿美元。

美国农民正在经历"艰难的经济时刻"

美国农民同样遭到打击，生计受到严重影响。2018年，美国农业净收入下降了12%，大豆、猪肉、乳制品和小麦价格遭遇断崖式下跌，设备价格却在上涨，导致利润大幅下降。

堪萨斯州比斯马克农场第四代农场主洛维·内兹尔对本报记者表示，因为加征关税，他的农场从去年以来就在经历"艰难的经济时刻"。去年美国政府宣布发放120亿美元农业补贴，以援助在美国挑起的贸易争端中受损的美国农场主。洛维·内兹尔说，补贴的钱是拿到了，但比起失去的市场以及减少的收入，"这点儿补贴远远不够"。

堪萨斯州玉米协会研究管理部主任达尔·弗杰尔博士对本报记者说，农民大部分收入都投入到了农机设备上，不仅因为提高关税造成销量下滑、收入减少，还有设备成本上涨原因。修建放置农机设备的库房需要使用铁、铝等原料，这些原料因为贸易战都被征收重税，导致这方面的成本上涨。"不知道这种境况还要维持多久，农民一直在等待好消息，等来的却是一次又一次失望。"他说。

翻看美国各大媒体，美国农民受加征关税影响的例子无处不在。堪萨斯州的一位谷物农场主吉姆·塔蓬说："我们熬过了上世纪70年代和80年代的困难时期，却熬不过现在。"其家族在经营近100年后不得不放弃他们的农场。艾奥瓦州的养猪户霍华德·希尔正在赔钱，他说："我们有耐心，但我们没有无限的耐心。"弗吉尼亚州种植大豆、玉米和小麦的农场主约翰·博伊德再也买不起他需要的设备了，"我什么都没买到"……美国农业部经济研究局表示，贸易战可能使美国2019财年的农业贸易顺差降至2007年以来的最低水平，部分原因是"预计对华出口大幅下降"。

世界最大的两个经济体之间的经贸摩擦也引发了对全球经济增长的担忧。国际货币基金组织、世界银行等机构不久前下调了对世界经济增长的预期，世界贸易组织将2019年全球贸易增长预期从3.7%下调至2.6%，为3年来最低水平。国际货币基金组织研究部副主任吉安·马里亚·米莱西—费雷蒂在接受本报记者采访时表示，贸易壁垒的增加会破坏全球供给链，美国的贸易政策及其造成的贸易紧张局势加剧，是当前世界经济前景面临的主要威胁之一。

（本报华盛顿5月9日电）

《人民日报》（2019年05月10日　03版）

专家研讨中美贸易关系——

"美国吃亏论"站不住脚 加征关税损害双方利益

人民日报记者　林丽鹂　丁怡婷

第十一轮中美经贸高级别磋商日前结束。5月12日，中国人民大学举办"中美贸易关系专题研讨会"，与会专家纷纷表示：合作是中美双方唯一正确的选择，双方的协议必须是平等、互利的，在重大原则问题上中方决不让步。

中美贸易逆差被高估，美国从中美贸易中获益颇丰

"美国从中美贸易中获益颇丰。美中贸易全国委员会研究显示，中美贸易平均每年为每个美国家庭节省约850美元，相当于美国家庭收入的1.5%。"中国人民大学重阳金融研究院执行院长王文说，中美贸易提高了美国民众特别是中低收入群体的实际购买力，同时也为美国企业带来了商机和利润，创造了大量就业机会。美国一部分人宣称的"美国吃亏论"是混淆视听。

王文分析，一方面，中美贸易逆差被高估。根据中美两国商务部相关专家组成的统计工作组测算,美国官方统计的对华贸易逆差每年都被高估20%左右,"更重要的是,美国限制高科技产品对华出口,人为扩大逆差,严重抑制了贸易平衡化。"另一方面,贸易逆差并非只有中方受益、美方受损。"由于中美两国在全球价值链的国际分工地位不同,美国其实获取了产业链的大部分利润。"王文说,认为顺差一方就占便宜、逆差一方就吃亏的认知并不正确。

对于美方一再要求中方扩大自美进口,甚至要求中方承诺具体数额的做法,中国国际经济交流中心总经济师陈文玲并不赞同。她认为,国际贸易的实质,是市场需求与市场供给之间通过市场寻求匹配的过程,"扩大进口要符合实际,我们需要的东西比如高科技产品,美方又不卖。那么高的采购数额用什么商品来满足呢?总不能强买强卖吧?"

加征关税就能维护美国利益吗?中国社科院世界经济与政治研究所研究员高凌云分析:短期看,中国出口商可能会根据自身相对市场地位以及产品的需求弹性承担一定比例的关税负担;但长期看,如果该商品难以替代且主要依靠从中国进口,增加的关税将主要由美国进口商或消费者承担。例如,自去年美国对进口洗衣机加征关税以来,美国市场上洗衣机的平均价格上涨了12%。

对于美方指责中方承诺出现"倒退",中国国际经济交流中心副理事长兼常务副主任魏建国直言,这是"倒打一耙",前几次磋商,最后失信的都是美方。针对美方对"中国不守信用、未履行入世时做出的一系列承诺"的指责,专家认为,事实上,中国不仅切实履行加入世界贸易组织承诺,还主动通过单边降税扩大市场开放。到2010年,中国货物降税承诺就全部履行完毕,关税总水平由2001年的15.3%降至9.8%。

中国经济有巨大的韧性，关键是做好自己的事情

5月10日，美方已将对2000亿美元中国输美商品加征的关税从10%上调至25%。专家认为，中国经济有巨大的韧性和抗压能力。"中方的底气不仅来自于谈判的诚意，更来自于中国经济发展的韧性。"魏建国说。

中国经济增长平稳。一季度，我国国内生产总值（GDP）约为21.3万亿元，按可比价格计算，比上年同期增长6.4%，GDP增速连续14个季度保持在6.4%—6.8%区间。"不久以前，国际货币基金组织将中国经济增长预期上调0.1个百分点至6.3%，中国成为世界主要经济体中唯一被上调经济增速预期的国家。中央提出，要做好稳就业、稳金融、稳外贸、稳外资、稳投资、稳预期工作，这是当前中国宏观经济行稳致远的法宝。"中国人民大学国发院研究员、经济学院常务副书记兼副院长王晋斌说。

中国市场需求巨大。一季度，最终消费支出增长对经济增长的贡献率为65.1%，国内消费仍是中国经济增长的主引擎。"今年以来新旧动能转化进一步加快，新产业蓬勃发展、新业态不断涌现，创新创业活跃度增加，企业活力不断增强，中国经济成功抵御了各种下行风险的冲击，市场信心得到有力提升。"中国人民大学国发院执行院长严金明说。

中国经济前景乐观。近年来深化供给侧结构性改革取得积极成效，推动经济运行进入价格回升、成本下降、盈利改善、信心增强的良性循环。中国人民大学国发院研究员、经济学院副院长于春海说："过去一段时间，中国经济在维持平稳增长的同时，从供求两个方面都有质量的提升、结构的改善，经济内生动力显著增强，经济

有持续向好的底气。对中国来说，最重要的就是做好自己的事情。"

加征关税不能解决问题，中美有巨大的合作空间

在全球化持续深化发展的今天，中美之间经济相互依赖不断增强，早已利益交融难分彼此。经贸关系是中美关系的"压舱石"和"推进器"，2018年，即便在贸易摩擦升级、保护主义抬头的情况下，中美经贸关系依然紧密，双边贸易额超过6300亿美元，双向投资存量超过2400亿美元。

"中美有巨大的双边利益，美国人也看得非常清楚，加征关税不能解决问题。"商务部国际贸易经济合作研究院对外贸易研究所所长梁明说。

中美经贸关系不仅涉及两国关系，也涉及世界和平与发展。陈文玲认为，现在贸易摩擦的溢出效应已经蔓延全球，对全球秩序、全球规则、全球贸易体系都带来严峻挑战，贸易摩擦给全球经济复苏增加了更多不确定性和风险。

"我们生活在同一个世界，合作是中美两个大国唯一正确的选择。"国家发改委学术委委员、资深研究员张燕生说。

"合作是正确的选择，但合作也是有原则的。"严金明认为："中美双方签订协议必须是平等、互利的，在重大原则问题上中方决不让步。中方三个核心关切问题必须得到解决：一是取消全部加征关税。二是贸易采购数字要符合实际。三是改善文本平衡性。"

对于中美经贸的未来，中国社科院世界经济与政治研究所国际贸易研究室主任东艳说："我认为中美有非常大的合作空间，最重要的是在继续增进互信的基础上，在双边、多边领域加强协调。中美

之间有很多问题需要协作解决，全球也面临很多共同问题，需要中美两国共同协调和解决。"

《人民日报》（2019年05月13日 03版）

美国一些商界、学界人士以及地方政府官员——
反对美政府升级贸易摩擦做法

人民日报驻美国记者 章念生 胡泽曦

连日来,美国联邦政府先是宣布对 2000 亿美元中国输美商品加征的关税从 10% 上调至 25%,随后又拟对价值约 3000 亿美元中国输美商品加征 25% 关税。美国一些商界、学界人士以及地方政府官员反对联邦政府升级贸易摩擦做法。

"解决问题的出路在于对话而非对抗"

美国许多州政府都制定了借力对华合作加快经济发展的规划,但美国联邦政府升级贸易摩擦的举动给这些州带来很大困扰。本报记者连日来走访位于美国中西部的犹他州,充分感受到当地政界和企业界对贸易摩擦的深深忧虑。

"贸易战只会双输,受害的将是普通消费者。"犹他州议员马克·维特利对记者说,联邦政府挑起的贸易争端,使他所代表的社区企业及民众非常担忧,他所在的州议会商业与劳工委员会对贸易问题很关注,"解决问题的出路在于对话而非对抗"。

过去10年,犹他州对华服务出口增长幅度超过250%,远超同期对全球其他地区服务出口增长。犹他州的旅游业、户外运动产业、高技术产业、教育产业等具有较强竞争力,同中国市场消费变化趋势有很高契合度。同时,该州计划建设内陆港,希望同中国建立更紧密的经贸联系。然而,目前联邦政府升级贸易摩擦的做法,却给犹他州释放对华合作潜力增加了不确定性。

"我们希望当前的贸易争端能尽快结束,我们不希望关税措施升级。绝大多数人都认为,关税措施不符合任何人的利益,犹他州商界都希望双方能继续谈判,尽快解决问题。"犹他州州长办公室经济发展主任瓦尔·黑尔对记者表示。据介绍,目前美国联邦政府对钢铁、太阳能等行业产品征收的关税,对犹他州经济造成的冲击尤其明显。

犹他州众议院国际关系与贸易委员会主席埃里克·哈钦斯长期致力于加强犹他州同中国的合作,曾带领经贸代表团前往中国。他告诉记者,犹他州企业并不想改变同中国企业业已建立的供应链,近年来,中国正在成为更好的合作伙伴——来自中国的产品质量不断上升,中国的物流条件也不断改善。

"这(关税措施)只是基于短期的政治考虑,我看不到它长远能带来什么好处……我们同中国的经贸关系正遭受打击,商界希望双边经贸关系能尽快恢复,而不是继续恶化。"总部位于犹他州的葆婴有限公司首席科学官罗伯·辛诺特对记者强调,关税措施具有溢出效应,最终将会对所有人产生影响。

犹他州前州参议员霍华德·斯蒂芬森认为,目前美国联邦政府政策制定的最大问题,是没有认识到同外部世界,尤其是同中国加强联系的重要性。"增加关税不能带来积极效应,自由贸易才能给所有人带来好处。美国汽车业就是一个例子。上世纪70年代，外国汽车进入美国的关税很高，当时美国自产的汽车很糟糕。当对世界开放汽车市场后，美国厂商开始制造出更高质量的汽车。"

在位于犹他州北部的百翰市艺术博物馆，记者邂逅了退休教授吉姆·怀特。谈及联邦政府对中国输美商品加征关税，这位老先生表达了对联邦政府此举的反对与愤懑。他说，当年华工为参与修建横贯东西的美国太平洋铁路作出巨大贡献，铁路的建成促进了美国经济的发展。"中国人民辛勤劳作，为世界提供质优价廉的产品，也让美国普通家庭受益良多。如今却要对进口自中国的商品加征关税，真让人匪夷所思。"

发出类似声音的，不只犹他州一地。过去10年，美国50个州对华服务出口均保持3位数增长，48个州对华货物出口大幅增长。中国在美国各州货物和服务出口市场排名均位居前列。正因为同中国存在如此紧密的联系，美国各州普遍希望，美中两国能尽快通过谈判解决眼下的贸易争端。

"农业需要确定性，而不是更高的关税"

在升级贸易摩擦的过程中，美国政府有一种声音宣称，中国将单方面为关税措施"埋单"，美国则不会在贸易争端中受损。这一论调同美国各行业的真实感受以及各研究机构的研究发现明显不符。

华尔街投行高盛的经济学家在新近研究中指出，去年美国对中国进口商品征收关税的成本几乎都由美国企业和家庭承担，中国出口商没有明显为输美商品降价。有分析称，中国输美商品被征关税从10%突然增加到25%后，美国零售商消化提高的成本会变得越来越难，不得不将增加的成本转嫁给消费者。

美国纽约联邦储备银行、普林斯顿大学和哥伦比亚大学的一项联合研究同样发现，没有证据表明关税上升后，外国出口商最终选择降低价格。该研究称，即使能充分利用额外的关税收入，美国去年前11个月因关税措施而出现的实际收入损失仍达69亿美元。

美国农民是受贸易争端影响最大的群体之一。连日来，美国媒体纷纷将报道焦点对准了该群体。美国大豆协会主席、艾奥瓦州农场主海斯多费尔的遭遇很有代表性。今年初，因为不断从美国政府听到美中经贸磋商取得进展的消息，海斯多费尔选择将今年的玉米和大豆播种面积与往年保持一致。如今，眼见贸易摩擦出现新的升级，海斯多费尔和其他农民一样，十分焦虑。他对媒体表示："对于农民来说，现在有很多不确定性因素和很多负面情绪。"

美国普渡大学和芝加哥商品交易所集团今年4月进行的一项调查显示，只有22%的美国农民表示，现在是进行大规模农业投资的"好时机"。日前，美国小麦、大豆和玉米种植者协会发表联合声明，反对美国联邦政府提高关税的举动。美国玉米种植者协会主席林恩·克里斯普在声明中说："农民们一直很有耐心，也愿意让谈判进行下去""农业需要确定性，而不是更高的关税"。

美国彼得森国际经济研究所高级研究员查德·鲍恩观察到，在对美国政策目标有更清晰的认识之前，许多企业不愿承诺投资。

据彭博社报道，美国穆迪分析公司研究报告显示，如果对2000亿美元的中国进口商品加征25%的关税，到2020年第四季度，将使美国经济增长减少0.8个百分点。如果美国对所有从中国进口的商品征收25%的关税，美国的实际国内生产总值增速将减少2.6个百分点，到2020年第四季度，美国将失去300万个就业岗位。

《华尔街日报》日前发表文章，对当前美国政府动辄使用"经济武器"的做法提出质疑，认为这会伤及美国经济的根基。文章称，美国对中国等国家的输美商品加征关税，不仅推高了这些商品在美国的售价，还促使这些国家在其他国家开发市场和建立长期贸易关系。

（本报华盛顿5月14日电）

《人民日报》（2019年05月15日 03版）

中美贸易失衡是个"伪命题"

——访全国政协委员、中国国际贸易促进委员会会长高燕

人民日报记者　林丽鹂

5月10日，美方已将对2000亿美元中国输美商品加征的关税从10%上调至25%。美国加征关税的一个借口是指责中美贸易失衡。全国政协委员、中国国际贸易促进委员会会长高燕在接受本报记者采访时说："贸易是两国企业、两国消费者在自愿的基础上作出选择的结果。美国认为对我存在巨额贸易逆差，是因为采取了片面的统计方法，忽略服务贸易、跨境投资对贸易的替代、高科技产品出口实施限制等因素影响。中美贸易失衡是个'伪命题'。"

为更清楚地把握中美贸易的实际情况，很多国内外专家对中美贸易进行了全面算账，认为不能忽视跨国投资对贸易的替代作用，采用"基于所有权的贸易顺差"计算方法更能反映中美贸易关系实况。以中美双方为例，该计算方法可表示为：中美贸易顺差 =（中国对美出口额 + 中资企业在美销售额）-（美国对华出口额 + 美资企业

在华销售额）。其中，贸易额包括货物贸易和服务贸易。早在 1960 年，美国经济学家海默教授就已指出，美国企业国际投资对其出口会产生明显的替代效应。实际上，美国早已意识到现有贸易统计体系存在的缺陷，并从上世纪 90 年代早期开始启用以所有权为基础的贸易统计框架。今年初，德意志银行专家也发表了类似研究报告。

高燕介绍，根据美国经济分析局（BEA）提供的数据，采用"基于所有权的贸易顺差"计算方法，按子公司统计口径，2009 年至 2017 年中美之间"基于所有权的贸易顺差"在逐年缩小。以 2017 年为例，中国对美国的"基于所有权的贸易顺差"仅为 453 亿美元。如果把统计口径放宽，将所有在华美资企业考虑进去，2009 年至 2017 年美对华一直享有"基于所有权的贸易顺差"，且规模不断扩大，从 145 亿美元上升到 1604 亿美元。

高燕认为，从以上数据可以看出，中美贸易实际上是互利共赢。失之毫厘谬以千里，中美贸易涉及两国民众的根本福祉。希望美国能够正确看待形势，不要编造一整套歪曲中美经贸关系真相的政策逻辑。

加征关税不仅影响中国企业，也影响美国企业。在经济全球化的今天，国际产业分工你中有我、我中有你、相互嵌入、"筋骨"相连，"地球村"的概念早已被各国所接受。高燕认为，中国是世界上最大的发展中国家，美国是世界上最大的发达国家，中美合则两利，斗则两伤。不少美国跨国企业在中国利润占比极大，对中国市场依赖度高。如高通在中国利润占其全球利润的 65%，博通占比 55%，星巴克、COACH、A.O. 史密斯等在华均有较高利润。这些都意味着，一旦双方全面加征关税，这些企业的产业链和利润都将有较大波动。据代表美国 150 多家贸易协会的"关税伤害美国腹地"组织估算，将关税上调至25%会损害近100万个美国就业岗位,并加大金融市场动荡。用保守和狭隘思维应对开放世界注定是违背历史潮流的,必定是搬起石头砸自己的脚。

由于美方启动加税威胁,中美经贸磋商遭遇重大挫折。高燕表示,中国贸促会将进一步加大力度,做好中美经贸摩擦应对工作。加大与美重要经贸团体、知名企业、重要智库的交流力度,促进对美州市友好合作,维护中美经贸关系稳定。

今年,中美迎来建交40周年。"我认为,合作是最好选择,也是解决问题的唯一正确选择。只有切实遵循双方业已确定的原则和方向,加强沟通、聚焦合作、管控分歧,才能推动中美经贸合作和两国关系健康稳定发展。美方霸凌主义、极限施压的做法违背多边贸易规则,不断加征关税的做法无益于经贸问题的解决。希望美方不要误判形势,不要低估中国维护自身权益的决心和意志。中国从来不畏惧任何压力,有信心、有决心、有能力应对任何风险和挑战。"高燕表示,中国将按照既定部署和节奏,坚定不移推进改革开放,并与世界各国一道,坚定不移维护自由贸易原则和多边贸易体制,与世界各国共同发展、共享繁荣。

《人民日报》(2019年05月21日 02版)

美国骄纵霸凌难挡开放合作大势

——访全国政协外事委员会委员、
中国前驻欧盟使团团长杨燕怡

人民日报记者　白　阳

"美国发动贸易战，真实企图是构筑'美国优先'的全球利益格局，遏制其他国家的发展，尤其是中国的发展强大。"5月20日，全国政协外事委员会委员、中国前驻欧盟使团团长杨燕怡在接受本报记者专访时指出，美国不断加剧贸易战，违背了中美两国在比较优势基础上进行自由贸易的规律，最终必然是损人不利己，对全球经济复苏、全球产业链与价值链安全、多边贸易体系等造成不利影响和冲击。

从"美国优先"到"让美国再次伟大"，本届美国政府不断喊出新口号，奉单边主义为圭臬，利用其超级大国的优势地位，在全球施行霸凌主义，不仅频频"退群"，还挥舞关税大棒、敲诈勒索、出尔反尔，将国际贸易变成了一场"零和游戏"。"美国单方面不断升级贸易摩擦，使中美经贸磋商进程严重受挫。"杨燕怡表示，"这是美方霸凌主义、极限施压的集中体现，这种做法违背多边贸易规则，势必遭到中国和国际社会的坚决反对"。

杨燕怡指出，美国单方面挑起贸易战，毫无信用可言。对于美方的无理行径，中方坚决捍卫自身合法正当权益。同时，美方还在全球多国制造双边贸易摩擦，并在多边领域挥舞单边主义、保护主义大棒，挑战多边贸易体制，国际社会反应强烈。欧盟贸易委员塞西莉亚·马尔姆斯特伦不久前就表示，美国加征钢铝关税举措正在扭曲全球贸易并可能破坏世界经济增长前景，是"纯粹的保护主义行为"。

"美国优先"的实质和后果究竟是什么？杨燕怡指出，美国哥伦比亚大学经济学教授杰弗里·萨克斯的著作《新外交政策——超越美国例外论》做出了一针见血的阐释：在各国利益密切交融、命运息息相关，比历史上任何时候都需要加强国际合作、共同应对人类社会面临的风险和挑战之时，美国政府一意孤行，采取"美国优先"的极端主义政策，蓄意破坏国际规则，是根深蒂固"美国例外论"——即美国与其他任何国家都不一样，注定是伟大的并且必将领导世界。这种"有毒"观念的最新实践，不仅对美国的伤害是巨大的，对世界也是非常危险的，这不但不能让美国"伟大"，相反很可能让美国"从二战后的世界领导者"变成"21世纪的无赖国家"。"美国完全有另一种选择——同中国一样，与国际社会合作共赢，但是零和思维已经蒙蔽了美国的决策者。"她说。

杨燕怡指出，从国际层面来说，如果美国想要的"伟大"是以他国利益普遍受损为前提，那这种"伟大"早已背离了它的原意，必然为国际社会所不齿。

"在去年的第七十三届联合国大会一般性辩论上，绝大多数联合国会员国批评美国大搞保护主义,加剧贸易摩擦,认为单边主义和贸易保护主义是当前世界经济面临的最主要风险,其负面效应波及世界供应链,将威胁所有国家的经济增长和繁荣。各国明确主张切实采取集体行动,维护多边贸易体系,坚持通过世界贸易组织、联合国等多边平台加强沟通与协调,呼吁美国政府顺应潮流,回归正轨。"杨燕怡指出,国际货币基金组织、世界银行、二十国集团、金砖国家等也大声疾呼加强共同合作,减少贸易壁垒,防止贸易保护主义升级,维护世界经济复苏势头。"正所谓'得道多助,失道寡助',美国虽骄纵霸凌,但难以阻挡和平、发展、合作、共赢的浩荡潮流。"她说。

历史和现实表明,中美作为两个大国,合则两利、斗则俱伤,合作是双方唯一正确的选择。近日,来自美国的一则消息引起人们的注意:首届中国—犹他州经贸投资论坛成功举办。来自中国和美国犹他州的官员、企业家共聚一堂,聚焦互利共赢,畅谈务实合作。杨燕怡说,论坛的举办也从一个侧面表明,美国不少地方、企业和民众拒绝被那些自称为战略家的美国"新冷战"鼓吹者所误导,无意让自己被狭隘的"政治正确"所绑架,要以实际行动对主张破坏国际供应链、分裂全球市场、试图"脱钩"中美经济、鼓吹零和对抗甚至"新冷战"的人说"不"。"经济全球化发展和中美关系虽然遭遇暗流、逆流、寒流,但改变不了主流,保持开放、加强合作仍是大势所趋,人心所向。"杨燕怡强调。

《人民日报》(2019年05月22日 03版)

美方经济霸凌行为严重践踏多边贸易规则

——中国贸促会会长高燕就美对我新一轮加征关税影响答记者问

人民日报记者 林丽鹂

近日,美方启动对约 2000 亿美元中国输美商品加征 25% 关税,还动用国家力量无端打压中国企业。如何看待美方不断升级中美贸易摩擦?这将给中美两国和世界经济带来哪些影响?持续一年多的中美经贸摩擦对中国企业和市场是否造成较大冲击?中国贸促会会长高燕近日接受了记者采访。

1 美方经济霸凌行为严重践踏多边贸易规则

记者:近期,美方不断升级贸易摩擦,不仅在中国输美商品加征关税问题上步步紧逼,还动用国家力量无端打压中国企业。您对此如何看待?

高燕:美方的经济霸凌行为、极限施压做法,严重阻碍中美经贸磋商，严重践踏多边贸易规则，严重威胁全球产业链供应链安全，与市场竞争原则背道而驰，与基本商业道德背道而驰，与经济全球化潮流背道而驰。

需要指出的是，美国加征关税的一个借口是中美贸易失衡。研究表明，美方现行统计方法是片面的，忽略了服务贸易、跨境投资对贸易的影响，所谓中美贸易失衡是个"伪命题"。采用"基于所有权贸易顺差"的方法计算，按两国企业在对方国家子公司统计口径，2009年至2017年中美之间贸易顺差逐年缩小，2017年仅为450多亿美元。如果统计口径放宽到两国企业在对方国家投资的所有企业，2009年至2017年美国对华一直存在贸易顺差，且顺差规模从140多亿美元不断扩大到1600多亿美元。

各国间的经贸摩擦不是现在才有的，过去有，现在有，将来还会有。经贸摩擦问题客观存在，关键是我们采取什么样的方式处理，不能动辄小事放大、经济问题政治化甚至以势压人。

我们希望美方与中方相向而行而不是倒行逆施，希望美方虚己以听而不是唯我独尊，希望美方诚信守诺而不是出尔反尔，希望美方回归正轨而不是误入歧途。

2 美方不断升级贸易摩擦殃及中美和世界经济

记者：您如何评价美加征关税、不断升级中美经贸摩擦给中美两国乃至世界经济带来的影响？

高燕：中美在世界经济发展中具有举足轻重的地位，各自处在全球产业链、价值链的不同位置。经过这么多年的发展，中美经贸合作相互依存、密不可分，两国产业已结成你中有我、我中有你的利益共同体，可以说"一荣俱荣、一损俱损"。美方对华为公司进行无端打压后，美国半导体公司股价暴跌就是不争事实。

贸易战没有赢家，美方种种损人不利己的做法，不仅会对中国企业带来影响，也会自食其果，对美国企业、美国消费者造成影响，更将殃及世界经济。近日，华为公司刚宣布关闭在美工厂就有当地民众抗议。美中贸委会、美国全国零售商联合会等机构纷纷反对对华升级关税。经合组织发布的最新世界经济展望报告认为，中美贸易争端激化可能导致2021年至2022年全球GDP损失0.7%，量化为近6000亿美元。

我始终认为，合作是最好选择，也是解决问题的唯一正确选择。只有切实遵循双方业已确定的原则和方向，抱着相互尊重、理性务实的态度，加强沟通协商、促成合作共赢，才能推动中美经贸往来和两国关系健康稳定发展。

3 中国企业应对经贸摩擦更为自信从容

记者：在您看来，持续一年多的中美经贸摩擦对中国企业和中国市场是否造成较大冲击？

高燕：中国物质基础雄厚，产业体系完整，市场规模巨大，经济发展的韧性足、内生动力强、回旋空间大。过去一年多，中国企业在应对中美经贸摩擦中得到历练，综合竞争力、抗风险能力、开拓海外市场能力进一步提升。

中国贸促会在东南沿海等地区调研了解到，面对骤然升级的中美经贸摩擦，中国企业应对更为自信从容。有一些企业的出口，并不是单一的美国市场，美国是一个重要的市场，但同时还有欧盟、东南亚、拉美等其他市场,也就是说"东方不亮西方亮"。

　　事实上,尽管中美经贸摩擦加剧,但中国依然是外商投资热土。美中贸委会调查显示,90%的美资企业认为中国是最重要的一个市场,95%的美资企业表示将保持或增加对华投入。日本贸易振兴机构报告显示,日本企业继续看好中国市场,在日企对外出口、投资、跨境电商战略中,中国市场均排名第一。埃克森美孚、特斯拉、宝马等不少跨国公司均加大了对华投资。第二届"一带一路"国际合作高峰论坛期间,各国企业签署640多亿美元的项目合作协议。

　　天行健,君子以自强不息。美国的贸易保护主义大棒,既阻挡不了中国经济稳定向好的发展态势,更改变不了中国大踏步推进改革、扩大开放的既定方向。中国将保持战略定力,坚定不移办好自己的事情,推动中国经济在高质量发展轨道上行稳致远。

《人民日报》(2019年05月27日　02版)

美举措对我外贸外资影响总体可控 我国将继续扩大开放优化营商环境

——商务部副部长兼国际贸易谈判副代表王受文就美对我新一轮加征关税影响答记者问

新华社记者 于佳欣 人民日报记者 王 珂

近期，美对华不断升级贸易摩擦，并进行一系列无理指责。中方如何看待美国的贸易霸凌主义行径？美对华加征关税对中国的外贸和外资将产生什么影响？中方将如何应对？商务部副部长兼国际贸易谈判副代表王受文31日接受了记者采访。

美指责中方"盗窃"知识产权是无中生有、欲加之罪

记者：美对华单边加征关税，还不断指责中方强制技术转让、"盗窃"知识产权，您对此怎么看？

王受文：美方指责中方"盗窃"知识产权、强制技术转让，并以此为由挑起贸易摩擦，这完全是无中生有，欲加之罪。

中国对知识产权保护的成效是有目共睹的。2018年，中国的发明专利申请量达154.2万件，连续8年居世界首位，其中，国外在华发明专利申请量达14.8万件。专利申请的内容是公开的，如果是偷来的，别人立即就发现了，是申请不了专利的。此外，中国也从国外大量引进专利。2018年中国支付的外国专利许可费和技术使用费超过300亿美元，较10年前增长近4倍，每年平均增长13.2%。

中国建立了较为完备的知识产权法律体系。今年4月23日，我国修订了商标法和反不正当竞争法，对商标和商业秘密加强保护。新通过的外商投资法也明确禁止强制技术转让，下一步还要对著作权法、专利法进行进一步修改。中国还高度重视发挥知识产权司法保护的主导作用，成立最高人民法院知识产权法庭，在北京、上海、广州设立知识产权法院，并加大对侵权假冒行为的执法力度。

中国保护知识产权情况如何？在华的外资企业最有发言权。今天，美国在华各类投资企业1.9万家。中国美国商会《中国商务环境调查报告》显示，其会员企业在华运营的主要问题中，知识产权侵权已由2011年的第五位降低到2018年的第十二位，体现出美国企业对中国知识产权保护工作的认可。根本不存在所谓的强制技术转让、盗窃知识产权等问题。

当然，任何国家的知识产权保护都不是完美无缺的。习近平主席在第二届"一带一路"国际合作高峰论坛上强调，更大力度加强知识产权保护国际合作。我们将认真落实，继续努力，为各类所有制企业创造更加公平、国际一流的营商环境。

美方欲通过极限施压迫使中方让步不可能实现

记者：美方近期不断升级贸易摩擦，并对华为等高科技公司实施制裁，商务部对此怎么看？

王受文：5月10日，美方对从中国进口的约2000亿美元商品加征关税税率由10%提高到25%。随后，美方又宣布启动对从中国进口的约3000亿美元商品加征关税程序，并滥用出口管制措施，将华为等公司列入出口管制"实体清单"，不断升级贸易摩擦。美方的这一做法损害了中国利益，损害了美国利益，也损害了世界利益。

国际社会纷纷批评美方对华经贸限制措施，因为美方的措施是单边的、保护主义的，不讲规矩，破坏规则，完全是基于自身政治、经济需要，不考虑全球福祉、不考虑其他贸易伙伴的利益。今天美国可以肆意对中国商品征税、制裁中国企业，明天它就可以对其他任何国家征税、制裁其企业。美方凭借强权，搞贸易霸凌主义，每个国家任何企业都可能成为下一个受害者。

贸易战没有赢家，合作是唯一正确选择。中方始终认为，双方最终要通过对话解决经贸分歧。去年12月，中美两国元首在阿根廷会晤达成重要共识，同意通过磋商解决经贸问题，最终取消所有相互加征的关税。中方认真落实两国元首共识，从维护中美经贸关系的大局出发，始终保持理性、克制的态度，与美方进行了多轮磋商。但美方出尔反尔，在磋商期间就宣布提高税率，随后又对中国企业实施单边制裁，导致经贸摩擦升级，责任完全在美方。

在磋商中，中方始终强调要坚持相互尊重、平等互利的原则。相互尊重，就是要尊重各自主权和核心利益。平等互利，就是要确保磋商的地位平等、成果互利。如果一方强压另一方进行谈判，或者谈判结果仅让单方得利,这样的谈判不会取得成功。如果美方想通过搞单边主义、极限施压,迫使中方让步,这是不可能实现的。

对我外贸影响总体可控　将多措并举推动外贸高质量发展

记者:美方采取加征关税措施后,对我国外贸有什么影响?商务部将采取哪些措施予以应对?

王受文:美方加征关税措施会对中国外贸造成一定负面影响,但总体可控。

首先,美国仍是中国重要出口市场,但重要性在下降。中国对美出口占中国出口的比重在1999年曾达22%左右,现在只有16%左右。美国占全球进口的市场份额同样在下降,从2000年的18.3%降到2018年的12.8%。

其次,我们的出口市场日益多元。对"一带一路"沿线国家出口比重从2013年的25.8%提高到2018年的28.3%,对自贸伙伴出口比重已提高到35.5%,对新兴市场出口比重也从1991年的23%提高到2018年的46%。中国有230多个贸易伙伴,是其中130个贸易伙伴的前三大进口来源地,是61个贸易伙伴的第一大进口来源地。

第三,中国外贸规模大、韧性强。我们有近40万家出口企业,民营企业出口占比从改革开放初期的0.1%,提高到目前的50%,民营企业已经成为中国外贸的主力军和生力军。一般贸易出口占比从2012年的48.2%提高到2018年的56.3%,高新技术产品出口比重提高到30%。

最近党中央、国务院出台的一系列政策措施将给外贸企业带来利好。比如,大规模减税降费措施,制造业增值税率降低3个百分点,交通、运输、建筑等行业税率降低1个百分点，小微企业增值税的免征额提高到月销售额10万元，企业社保缴费比例降到16%，将为企业直接减负2万亿元。还比如，进一步提升贸易便利化水平。目前，进出口环节的监管证件由86种减少到46种，货物通关时间压缩了一半以上。中方连续4次主动下调关税，关税总水平由9.8%降至7.5%，平均降幅达23%。今年我们还将继续加快推进自贸区建设，积极发挥自贸协定作用；支持企业开拓多元化市场，更大规模增加商品和服务进出口。

中国外贸发展是经历过狂风暴雨的，在1997年亚洲金融危机和2008年国际金融危机期间，我们曾经受过多次考验。历史证明，中国外贸发展潜力巨大，我们有信心继续推动中国外贸稳中有进，实现高质量发展。

中美经贸摩擦对中国吸收外资影响可控

记者：美方采取加征关税措施对中国吸收外资有什么影响？如何看待一些外资企业向国外转移产能的现象？

王受文：中美经贸摩擦对中国吸收外资的影响，我认为是可控的。

第一，美对华投资占中国吸收外资比重较低，截至2018年底，美对华投资实际投入851.9亿美元，在中国整体吸收外资中占比仅为4.2%。去年中国吸引外资1383亿美元，其中34.5亿美元来自美国。

第二，中国有巨大的市场吸引力。中国有近14亿人口的大市场，有不断壮大的中等收入群体，国内消费增长潜力巨大。2018年，中国社会消费品零售总额约为5.8万亿美元，美国约为6万亿美元。2019年1至4月，中国社会消费品零售总额为1.91万亿美元，美国为1.93万亿美元,差距很小。

另外,外资企业越来越重视中国市场,对于扎根中国、面向中国市场的外资企业,受中美经贸摩擦的影响是有限的。特斯拉、埃克森美孚、巴斯夫、宝马三期等大项目纷纷在华落地,就是看好中国持续增长的巨大市场带来的发展机遇。当前中国经济的基本面是好的,外资企业也是看中了这一点。前年,全球外国直接投资流量下降了23%,去年这一数字预计下降19%,同期中国吸收外资分别增长了2%和1.5%。

当然,目前确实存在部分以出口为主的劳动密集型企业向国外转移产能的现象,但总体占比不大。根据最近中国美国商会调查,只有约2%的美资企业计划退出中国市场。企业向外转移,虽然可能节省一些成本,但也面临其他不确定风险,例如产业配套能力、经济发展环境、劳动力素质等,同时也包括美国对其投资地采取贸易限制措施的风险。

中国将进一步扩大开放、优化营商环境

记者:商务部如何看待在华外资企业的发展前景?将采取哪些措施进一步增加对外资的吸引力?

王受文:我认为,外资企业在中国市场有很好的合作与发展机会和前景。首先,我们将进一步放宽市场准入。去年已将外商投资负面清单压减到48条,今年7月1日前还将出台新一版负面清单,继续压缩。中国开放的大门还会越开越大,我们正在制定《鼓励外商投资产业目录》,扩大鼓励外商投资范围。我们还要新布局一批自由贸易试验区,加快探索自由贸易港建设,推动实施更高水平的开放。

国家级经济技术开发区吸引外资规模占全国的20%，是外商投资的重要平台。国务院刚刚印发了文件，推进国家级经开区创新提升、打造改革开放新高地，为外资企业提供更好的投资平台。

我们还将持续改善营商环境。落实习近平主席在第二届"一带一路"国际合作高峰论坛上的讲话精神，我们将加强法治政府、诚信政府建设，按照扩大开放的需要修改完善法律法规，在行政许可、市场监管等方面规范各级政府行为，清理废除妨碍公平竞争、扭曲市场的不合理规定、补贴和做法，公平对待所有企业和经营者，完善市场化、法制化、便利化的营商环境。

我们有以习近平同志为核心的党中央坚强领导，有政治制度优势和庞大的市场优势，经济发展韧劲十足、回旋余地大，完全有信心、有底气、有能力保持外贸、外资规模稳定，保持国民经济稳定健康发展。

《人民日报》（2019年06月01日　02版）

美国挑起经贸摩擦损害两国和全球利益

——访中国社会科学院世界经济与政治所 国际贸易研究室主任东艳

人民日报记者　罗珊珊

国务院新闻办公室6月2日发布《关于中美经贸磋商的中方立场》白皮书。中国社会科学院世界经济与政治所国际贸易研究室主任东艳表示，这段时间以来，中美经贸磋商受到中美双方和国际社会的高度关注，其中也有一些传言和猜测，为了澄清事实，有必要向社会各界全面介绍中美经贸磋商的来龙去脉和基本情况，阐明中国政府关于中美经贸磋商的原则立场。

白皮书指出，美国挑起对华经贸摩擦损害两国和全球利益。东艳表示，贸易战没有赢家。由于发展阶段、经济制度不同，两国在经贸合作中难免出现分歧和摩擦，这就需要两国本着理性、合作的态度，通过对话协商解决问题。然而现任美国政府奉行"美国优先"政策，对外采取一系列单边主义和保护主义措施，动辄使用关税"大棒"，将自身利益诉求强加于他国。

东艳说，贸易保护措施不仅没有给美国带来所谓的"再次伟大"，反而带来了严重伤害。美国智库"贸易伙伴"研究显示，如美国对所有中国输美商品加征 25% 的关税，美国国内生产总值将减少 1.01%，就业岗位将减少 216 万个，一个四口之家每年支出将增加 2294 美元。

"正如白皮书中指出，美国贸易霸凌行径殃及全球。"东艳表示，美国采取的一系列贸易保护措施，不仅影响美国的经济增长和民生，也严重干扰全球产业链和供应链，给全球经济复苏带来严峻挑战。

白皮书指出，指责中国"盗窃"知识产权、强制技术转让毫无依据。对此，东艳表示，美国在"301 调查"报告中用较大篇幅指责中国知识产权保护不力，依据的是大量采用美国政府行政部门或美国公司的单方面认定，还多处使用"据报道""利益相关方认为"等来源模糊的说法，既缺少有说服力的实际证据，也表明美方对中国近年来创新和知识产权保护方面所取得的大量成绩的无视。

"中国没有任何法律规定外资企业进入中国需要进行'强制性技术转让'。"东艳表示，中国在创新方面取得的成绩，依靠的是对创新的高度重视和不断增加的研发投入，而不是美方所指责的"窃取知识产权"。中国高度重视知识产权保护，已建立起符合国际通行规则和适应中国国情的知识产权法律体系。

近期美方高级官员表示，中方在磋商中"立场倒退"，导致谈判陷入停滞。东艳认为，中方对中美经贸磋商始终抱着最大的诚意，美方指责中方在谈判中立场倒退，这是不负责任的，是"泼脏水"。

东艳表示，白皮书用事实说话，自 2018 年 2 月经贸磋商启动以来，每次波折都源于美国的违背共识、出尔反尔、不讲诚信。

"中国始终坚持通过对话协商解决争议的基本立场。"东艳说，中国在白皮书中再次明确，中美合则两利，斗则俱伤，合作是双方唯一正确的选择。对于两国经贸分歧和摩擦，中国愿意采取合作的方式加以解决，推动达成互利双赢的协议。

"但合作是有原则的，磋商是有底线的，在重大原则问题上中国决不让步。"东艳认为，无论形势如何发展变化，中国都坚持做好自己的事情。中国国内市场需求巨大，供给侧结构性改革的推进将带来产品和企业竞争力的全面提升，财政和货币政策有充分空间，中国能保持经济持续健康发展的良好态势，经济前景非常乐观。面对各种风险和挑战，中国有信心迎难而上，化危为机，开拓一片新天地。

《人民日报》（2019年06月04日　03版）

附录

关于中美经贸磋商的中方立场

（2019年6月）

中华人民共和国国务院新闻办公室

前 言

中美经贸关系是两国关系的"压舱石"和"推进器"，事关两国人民根本利益，事关世界繁荣与稳定。两国建交以来，双边经贸关系持续发展，合作领域不断拓宽，合作水平不断提高，形成了高度互补、利益交融的互利共赢关系，不仅两国受益，而且惠及全球。

由于发展阶段、经济制度不同，两国在经贸合作中难免出现分歧和摩擦。在中美经贸关系发展历程中，也曾多次出现波折、面临困难局面。两国本着理性、合作的态度，通过对话协商解决问题，化解了矛盾、缩小了分歧，双边经贸关系更趋成熟。

2017年新一届美国政府上任以来，以加征关税等手段相威胁，频频挑起与主要贸易伙伴之间的经贸摩擦。2018年3月以来，针对美国政府单方面发起的中美经贸摩擦，中国不得不采取有力应对措施，坚决捍卫国家和人民利益。同时，中国始终坚持通过对话协商解决争议的基本立场，与美国开展多轮经贸磋商，努力稳定双边经贸关系。中国的态度是一贯的、明确的。中美合则两利，斗则俱伤，合作是双方唯一正确的选择。对于两国经贸分歧和摩擦，中国愿意采取合作的方式加以解决，推动达成互利双赢的协议。但合作是有原则的，磋商是有底线的，在重大原则问题上中国决不让步。对于贸易战，中国不愿打，不怕打，必要时不得不打，这个态度一直没变。

为全面介绍中美经贸磋商基本情况，阐明中国对中美经贸磋商的政策立场，中国政府特发布此白皮书。

一、美国挑起对华经贸摩擦损害两国和全球利益

现任美国政府奉行"美国优先"政策，对外采取一系列单边主义和保护主义措施，动辄使用关税"大棒"，将自身利益诉求强加于他国。美国启用尘封多年的"201调查""232调查"等手段，对各主要贸易伙伴频频出手，搅乱全球经贸格局。美国还将矛头对准中国，于2017年8月启动单边色彩浓厚的"301调查"，无视中国多年来在加强知识产权保护、改善外资营商环境等方面的不懈努力和取得的巨大成绩，对中国作出诸多不客观的负面评价，采取加征关税、限制投资等经贸限制措施，挑起中美经贸摩擦。

专栏1　中国的科技创新源于自力更生，指责中国"盗窃"知识产权、强制技术转让毫无依据

中华民族富有创新精神，勇于吃苦耐劳，在5000多年文明发展进程中，创造了高度发达的文明，为人类进步作出重要贡献。新中国成立以来特别是改革开放以来，中国的科技事业在艰难中起步，在改革中发展，在创新中突破，取得了举世瞩目的成就。历史和事实充分证明，中国在科技创新方面取得的成就不是偷来的、不是抢来的，而是通过自力更生、艰苦奋斗得来的，指责中国发展靠"盗窃"知识产权，完全是无中生有、极其荒谬。

中国高度重视知识产权保护，已建立起符合国际通行规则和适应中国国情的知识产权法律体系；重视发挥知识产权司法保护的主导作用，取得显著成效。中国民众和企业知识产权保护意识显著提高，对外支付知识产权使用费大幅提升，知识产权申请和登记量快速增长。中国的知识产权保护成效获国际广泛认可。世界知识产权组织前总干事阿帕德·鲍格胥博士对中国的知识产权法律体系予以高度评价："这在知识产权发展史上是独一无二的"。美国商会指出，中国在建设面向21世纪的知识产权环境方面正在取得实质性进展[注1]。中国美国商会《2018年中国商务环境调查报告》显示，其会员企业在华运营的主要挑战中，知识产权侵权行为已由2011年的第5位降低到2018年的第12位。《外交官》杂志文章指出，中国将成为全球知识产权的领军者。在中国开展业务的外国公司所提出的担忧，许多已通过司法改革和加强执法机制得到解决。

中国尊重市场经济规律，积极完善创新政策体系，持续增加研发投入，大力培养创新人才，全方位加强国际科技创新合作。目前，中国的主要创新指标已进入世界前列，重大科技创新成果不断涌现，引领产业向中高端迈进，国际影响力显著提升。2017年，全社会研发投入达1.76万亿元，规模居世界第二位；发明专利申请量达到138.2万件，连续7年居世界首位；发明专利授权32.7万件，同比增长8.2%，有效发明专利保有量居世界第三[注2]。

中国始终以互利共赢作为基本价值取向开展国际技术合作，中国经济发展受益于国际技术转让和传播，国际技术持有者也从中获得了巨大利益。中国鼓励和尊重中外企业按照市场原则自愿开展技术合作，坚决反对强制技术转让，严厉打击侵犯知识产权的违法犯罪行为。指责中国强制技术转让没有事实依据，完全站不住脚。

美国无视中美经济结构、发展阶段特点和国际产业分工现实,坚持认为中国采取不公平、不对等的贸易政策,导致美国出现对华贸易逆差,在双边经贸交往中"吃了亏",并对华采取单边加征关税措施。事实上,在经济全球化时代,中美两国经济高度融合,共同

> **专栏2　中美经济相互融合、贸易投资惠泽双方**
>
> 　　中美互为最大贸易伙伴国和重要投资来源地。2018年,双边货物和服务贸易额超过7500亿美元,双向直接投资累计近1600亿美元。中美经贸合作给两国和两国人民带来了实实在在的利益。
>
> 　　在双边贸易方面,根据中国海关统计,中美货物贸易额从1979年建交时的不足25亿美元,增至2018年的6335亿美元,增长了252倍。2018年,美国是中国第一大贸易伙伴国、第一大出口市场、第六大进口来源地。根据美国商务部统计,2018年,中国是美国第一大贸易伙伴、第三大出口市场、第一大进口来源地。中国是美国飞机、大豆、汽车、集成电路、棉花的主要出口市场。2009年至2018年十年间,中国是美国货物出口增长最快的市场之一,年均增速为6.3%,累计增长73.2%,高于美国对世界其他地区56.9%的平均增幅^(注3)。
>
> 　　中美服务贸易蓬勃发展、互补性强,两国在旅游、文化、知识产权等领域开展了广泛、深入、有益的合作。中国成为美国在亚太地区第一大旅游目的地,美国成为中国学生出境留学第一大目的国。根据中方统计,中美服务贸易额从统计开始的2006年274亿美元增至2018年的1253亿美元,增长了3.6倍。2018年,中国对美服务贸易逆差达485亿美元。
>
> 　　过去40年,中美双向投资由几乎为零到累计近1600亿美元,合作卓有成效。根据中国商务部统计,截至2018年底,中国企业在美国直接投资金额731.7亿美元。中国企业在美国的投资迅猛增长,为促进当地经济发展,增加就业和税收作出了积极贡献。美对华投资方面,根据中国商务部统计,截至2018年底,美国对华实际投资851.9亿美元。2017年,美资企业在华年销售收入7000亿美元,利润超过500亿美元。
>
> 　　因此,如果把中美双方在货物贸易,服务贸易和双向投资等方面综合考虑,双方经贸往来是惠泽彼此的关系,而非所谓美国"吃亏"的结果。

构成完整的产业链，两国经济连骨带筋、互利共赢，把贸易逆差当作"吃亏"是算错了账。美国对中国采取的贸易限制措施不利于中国，也不利于美国，更不利于全球。

（一）美国加征关税措施损人不利己

美国政府对中国输美商品加征关税，阻碍双边贸易投资合作，影响两国乃至全球市场信心和经济平稳运行。美国的关税措施导致中国对美出口额下滑，2019年1月至4月同比下降9.7%（注4），连续5个月下降。同时，由于中国不得不针对美国加税采取加征关税应对，美国对华出口连续8个月下降（注5）。中美经贸摩擦带来的不确定性使两国企业对开展投资合作持观望态度，中国对美投资持续下滑，美国对华投资增速也明显降低。据中国有关方面统计，2018年中国企业对美直接投资57.9亿美元，同比下降10%（注6）。2018年美国实际对华投资金额26.9亿美元（注7），增速从2017年的11%大幅回落至1.5%。由于中美经贸摩擦前景不明，世界贸易组织将2019年全球贸易增长速度由3.7%下调至2.6%（注8）。

（二）贸易战没有给美国带来所谓的"再次伟大"

加征关税措施不仅没有推动美国经济增长，反而带来了严重伤害。

一是提高美国企业生产成本。中美制造业相互依存度很高，许多美国制造商依赖中国的原材料和中间品，短期内难以找到合适的替代供应商，只能承担加征关税的成本。

二是抬升美国国内物价。进口中国物美价廉的消费品是美国通胀率长期保持低位的重要因素之一。加征关税后，中国产品最终销售价格提高，实际上美国消费者也承担了关税成本。美国全国零售商联合会研究显示，仅对中国家具征收25%关税一项，就使美国消费者每年多付出46亿美元的额外支出（注9）。

三是影响美国经济增长和民生。美国商会和荣鼎集团2019年3月联合发布的报告显示，受中美经贸摩擦影响，2019年及未来4年美国国内生产总值将可能每年减少640亿至910亿美元，约占美国国内生产总值总额的0.3%—0.5%。如美国对所有中国输美商品征收25%关税，未来10年美国国内生产总值将累计减少1万亿美元[注10]。美国智库"贸易伙伴"（Trade Partnership）2019年2月发布的研究报告显示，如美国对所有中国输美商品加征25%的关税，美国国内生产总值将减少1.01%，就业岗位将减少216万个，一个四口之家每年支出将增加2294美元[注11]。

四是阻碍美对华出口。美中贸易全国委员会2019年5月1日发布的《各州对华出口报告——2019》指出，2009年至2018年十年间，美国对华出口支撑了超过110万个美国就业岗位，中国市场对美国经济至关重要。在此十年中，美国48个州对华货物出口实现累计增长，其中44个州实现两位数增长，但在中美经贸摩擦加剧的2018年，美国仅有16个州对华货物出口实现增长，34个州对华出口下降，其中24个州出现两位数降幅，中西部农业州受损最为严重。受关税措施影响的美国农产品对华出口同比减少33.1%，其中大豆降幅近50%，美国业界担心从此失去培育了近40年的中国市场。

（三）美国贸易霸凌行径殃及全球

经济全球化是不可阻挡的时代潮流，以邻为壑的单边主义、保护主义不得人心。美国采取的一系列贸易保护措施，违反世界贸易组织规则，损害多边贸易体制，严重干扰全球产业链和供应链，损害市场信心，给全球经济复苏带来严峻挑战，给经济全球化趋势造成重大威胁。

一是损害多边贸易体制权威。美国依据国内法发起"201"

"232""301"等一系列单边调查,并采取加征关税措施,严重违反世界贸易组织最基本最核心的最惠国待遇、关税约束等规则。这种单边主义、保护主义行为不仅损害中国和其他成员利益,更损害了世界贸易组织及其争端解决机制的权威性,使多边贸易体制和国际贸易秩序面临险境。

二是威胁全球经济增长。全球经济尚未完全走出国际金融危机的阴影,美国政府升级经贸摩擦、提高关税水平,相关国家不得不采取相应措施,导致全球经贸秩序紊乱,阻碍全球经济复苏,殃及各国企业发展和人民福祉,使全球经济落入"衰退陷阱"。2019年1月,世界银行发布《全球经济展望》报告,将2019年全球经济增长预期进一步降至2.9%,贸易关系持续紧张是主要下行风险之一[注12]。国际货币基金组织2019年4月发布的《世界经济展望》报告,将2019年全球经济增长预期从2018年预计的3.6%下调至3.3%,并表示经贸摩擦可能会进一步抑制全球经济增长,继续削弱本已疲弱的投资[注13]。

三是扰乱全球产业链、供应链。中美都是全球产业链、供应链的重要环节。中国对美出口的最终产品中包含大量从他国进口的中间产品和零部件。美国对来自中国的进口产品加征关税,受害的将是包括美国企业在内的与中国企业合作的众多跨国公司。加征关税措施导致供应链成本人为增加,影响供应链的稳定和安全。部分企业被迫调整供应链全球布局,全球资源无法实现最佳配置。

可以预见,美国最新采取的对华关税升级措施,不但解决不了问题,还将进一步损害各方利益,中国对此坚决反对。近期,美国政府以所谓国家安全的"莫须有"名义,连续对华为等多家中国企业实施"长臂管辖"制裁,中国同样坚决反对。

二、美国在中美经贸磋商中出尔反尔、不讲诚信

美国挑起经贸摩擦后,中国不得不采取应对措施,两国贸易、投资关系受到影响。双方从两国人民福祉需要、从各自经济发展需要出发,都认为有必要坐下来进行谈判,通过磋商解决问题。自2018年2月经贸磋商启动以来,已取得很大进展,两国就大部分内容达成共识,但磋商也经历了几次波折,每次波折都源于美国的违背共识、出尔反尔、不讲诚信。

(一)第一次出尔反尔

中国从一开始就主张,中美经贸摩擦应通过谈判磋商解决。2018年2月初,美国政府提出希望中国派高级别代表团赴美进行经贸磋商。中国展示了极大诚意,作出积极努力,先后与美国举行了数轮高级别经贸磋商,重点就贸易不平衡等问题深入交换意见,并就扩大自美国进口农产品、能源产品等初步达成共识,取得重要进展。但是,2018年3月22日,美国政府抛出所谓对华"301调查"报告,对中国提出"盗窃知识产权""强制技术转让"等不实指责,并基于此宣称将对从中国进口的价值500亿美元商品加征25%关税。

(二)第二次出尔反尔

中国政府以两国关系大局为重,再次派出工作团队同美国进行了认真磋商。2018年5月19日,中美发布联合声明,达成了"双方不打贸易战"的共识,同意继续保持高层沟通,积极寻求解决各自关注的经贸问题。美国公开表示,暂停推进对华加征关税计划。2018年5月29日,美国政府不顾国内工商界和广大民众的反对,在双方发布联合声明仅10天后就推翻磋商共识,对中国的经济体制、贸易政策横加指责,宣布将继续推进加征关税计划。自2018年7月初以来,美

国分三次对500亿美元中国输美商品加征25%的关税、对2000亿美元中国输美商品加征10%的关税,并称自2019年1月1日起将税率提高至25%。美国还威胁要对剩余所有中国输美商品加征关税,导致两国间的经贸摩擦快速升级。中国为捍卫国家尊严和人民利益,不得不作出必要反应,累计对1100亿美元美国输华商品加征关税。

(三)第三次出尔反尔

2018年11月1日,美国总统特朗普同习近平主席通电话,并提议举行两国元首会晤。12月1日,中美两国元首在阿根廷二十国集团领导人峰会期间举行会晤,就双边经贸问题达成重要共识,同意停止相互加征新的关税,在90天内加紧开展磋商,朝着取消所有加征关税的方向努力。此后90天里,中美工作团队在北京和华盛顿举行3轮高级别磋商,就中美经贸协议的原则内容达成许多初步共识。2019年2月25日,美方宣布推迟原定的3月1日起对价值2000亿美元中国输美商品提高关税的期限。3月底至4月底,两国工作团队又进行3轮高级别磋商,取得实质性进展。经过多轮磋商,两国已就大部分问题达成一致。针对遗留问题,中国政府提出,双方要互谅互让,共同寻找解决分歧的办法。

然而,美国政府得寸进尺,采取霸凌主义态度和极限施压手段,坚持不合理的高要价,坚持不取消经贸摩擦以来加征的全部关税,坚持在协议中写入涉及中国主权事务的强制性要求,导致双方迟迟未能弥合剩余分歧。2019年5月6日,美国不负责任地指责中国立场"倒退",企图将谈判迄未完成的责任归咎于中国,并不顾中国坚决反对,自5月10日起将2000亿美元中国输美商品加征关税税率由10%提高至25%,导致中美经贸磋商严重受挫。5月13日,美国宣布启动对剩余约3000亿美元中国输美商品加征关税的程序。上述举动与中美元首通过磋商化解摩擦的共识相悖,与两国和世界各国人民的期待相悖,给双边经贸磋商和世界经济增长前景蒙上了阴影。为捍卫自身利益,中国不得不采取加征关税的措施予以应对。

(四)中美经贸磋商严重受挫,责任完全在美国政府

美国政府指责中国在磋商中"开倒车"完全是无稽之谈。在双方磋商仍在进行的过程中,就文本内容及相关表述提出修改建议、做出调整,这是贸易谈判的通常做法,美国政府在过去十余轮谈判中曾不断调整相关诉求,随意指责中方"倒退"是不负责任的。历史经验证明,试图通过泼脏水、拆台、极限施压等手段达成协议,只会破坏双方合作关系,错失历史机遇。

君子之国,先礼后兵。美国提出新的关税威胁后,国际社会普遍担忧中国可能取消赴美磋商计划,关注中美经贸磋商何去何从。中国从维护中美经贸关系的大局出发,保持理性、克制的态度,按照双方此前约定,于2019年5月9日至10日派出高级别代表团赴美进行第十一轮经贸磋商,展示与美国通过对话解决经贸分歧的最大诚意和负责任态度。中美双方进行了坦诚、建设性的交流,同意努力管控分歧,继续推进磋商。中国对美国单边加征关税的做法表达强烈反对,阐明严正立场,表示将不得不采取必要措施予以回击。中国再次强调,经贸协议必须是平等、互利的,在涉及中国核心利益的重大原则问题上决不会让步。双方达成协议的前提是美国取消全部加征关税,采购要符合实际,同时确保协议文本平衡,符合双方共同利益。

三、中国始终坚持平等、互利、诚信的磋商立场

中国政府始终认为,以贸易战相威胁,不断加征关税的做法无

益于经贸问题的解决。中美应秉持相互尊重、平等互利的精神，本着善意和诚信，通过磋商解决问题，缩小分歧，扩大共同利益，共同维护全球经济稳定和发展。

（一）磋商要相互尊重、平等互利

作为世界上最大的两个经济体和贸易大国，中美经贸合作中存在一些分歧是正常的，关键是如何增进互信、促进合作、管控分歧。中国从维护两国共同利益和世界贸易秩序大局出发，坚持通过对话协商解决问题，以最大的耐心和诚意回应美国提出的关切，以求同存异的态度妥善处理分歧，克服各种困难，提出务实解决方案，为推动双边经贸磋商作出艰苦努力。磋商过程中，中国始终秉持相互尊重、平等互利的原则，致力于推动达成双方都能接受的协议。

相互尊重，就是要尊重对方社会制度、经济体制、发展道路和权利，尊重彼此核心利益和重大关切，不挑战"底线"，不逾越"红线"，不能以牺牲一方的发展权为代价，更不能损害一国的主权。平等互利，就是双方磋商的地位是平等的，磋商成果是互利的，最终达成的协议是双赢的。如果一方强压另一方进行谈判，或者谈判结果仅让单方得利，这样的谈判不会取得成功。

（二）磋商要相向而行、诚信为本

磋商需要双方相互理解和共同努力。磋商是当事的相关方通过讨论，对面临的问题寻求共识或者相互妥协的过程。磋商期间的变量很多。各方从自身利益出发，在不同阶段对各种变化做出不同反应，这是磋商的常态。中国政府认为，经贸磋商是寻求解决问题的有效途径。各方只有在磋商过程中都抱着善意的态度，充分理解对方立场，才能为磋商获得成功创造良好条件。否则，就无法形成达成长期有效协议的基础，难以达成可持续、可执行的协议。

诚信是磋商的基础。中国政府始终以诚信为本，抱着极大的诚意与美国政府进行磋商。中国高度重视美国关切，努力寻找化解双方分歧的有效途径和办法。双方已举行的11轮高级别经贸磋商取得重大进展，这些磋商成果既符合中国利益，也符合美国利益，是双方共同努力、相向而行的结果。中国在磋商中讲信用重承诺，并多次强调，如双方达成协议，中国对所作的承诺一定会认真、切实履行。

（三）中国在原则问题上决不让步

任何国家都有自己的原则。磋商中，一国的主权和尊严必须得到尊重，双方达成的协议应是平等互利的。对于重大原则问题，中国决不退让。中美双方都应看到并承认国家发展的差异性、阶段性，尊重对方发展道路和基本制度。既不能指望通过一个协议解决所有的问题，也需要确保协议同时满足双方的需求，实现协议的平衡性。

美国近期宣布提高对华加征关税，不利于解决双边经贸问题，中国对此强烈反对，不得不作出反应，维护自身合法权益。中国的立场和态度是一贯的、明确的，中国希望通过对话而不是关税措施解决问题。为了中国人民的利益，为了美国人民的利益，为了全世界人民的利益，中国会理性对待，但是中国不会畏惧任何压力，也做好准备迎接任何挑战。谈，大门敞开；打，奉陪到底。

（四）任何挑战都挡不住中国前进的步伐

中国的发展不会一帆风顺，必然会有艰难险阻甚至惊涛骇浪。面对各种风险和挑战，中国有信心迎难而上，化危为机，开拓一片新天地。

无论形势如何发展变化，中国都坚持做好自己的事情。通过改革开放发展壮大自己，是应对经贸摩擦的根本之道。中国国内市场需求巨大，供给侧结构性改革的推进将带来产品和企业竞争力的全面提升，财政和货币政策有充分空间，中国能保持经济持续健康发展的良好态势，经济前景非常乐观。

中国将继续深化改革开放，中国的大门不会关上，只会越开越大。习近平主席在第二届"一带一路"国际合作高峰论坛开幕式主旨演讲中宣布，中国将采取一系列重大改革开放举措，加强制度性、结构性安排，促进更高水平对外开放，包括更广领域扩大外资市场准入、更大力度加强知识产权保护国际合作、更大规模增加商品和服务进口、更加有效实施国际宏观经济政策协调、更加重视对外开放政策贯彻落实。一个更加开放的中国，将同世界形成更加良性的互动，带来更加进步和繁荣的中国和世界。

结束语

合作是中美两国唯一正确选择，共赢才能通向更好的未来。在中美经贸磋商总的方向上，中国不是向后看，而是向前看。双方在经贸领域的分歧和摩擦，最终需要通过对话和磋商来解决。中美达成一个互利双赢的协议，符合中美两国利益，顺应世界各国期待。希望美国同中国相向而行，本着相互尊重、平等互利的精神，管控经贸分歧，加强经贸合作，共同推进以协调、合作、稳定为基调的中美关系，增进两国和世界人民福祉。

参考文献

（注1）2018年2月，美国商会全球创新政策中心发布的《2018年国际知识产权指数报告》称，2018年，中国以19.08分位居50个经济体的第25位，较2017年上升2位，http://www.theglobalipcenter.

com/wp-content/uploads/2018/02/GIPC_IP_Index_2018.pdf。

（注2）2018年1月18日，中国国家知识产权局2017年主要工作统计数据及有关情况新闻发布会，http：//www.sipo.gov.cn/twzb/gjzscqj2017nzygztjsjjygqkxwfbk/。

（注3）美中贸易全国委员会（USCBC）网站：2019 State Export Report，https：//www.uschina.org/reports/2019-state-export-report，2019年5月1日。

（注4）中国海关总署网站：http：//www.customs.gov.cn/customs/302249/302274/302275/2418393/index.html，2019年5月8日。

（注5）中国海关总署网站：http：//www.customs.gov.cn/customs/302249/302274/302275/2418393/index.html，2019年5月8日。

（注6）中国商务部数据。

（注7）中国商务部网站：2018年1—12月全国吸收外商直接投资快讯，http：//www.mofcom.gov.cn/article/tongjiziliao/v/201901/20190102832209.shtml，2019年1月15日。

（注8）世界贸易组织（WTO）网站：WTO Trade forecasts：Press conference，https：//www.wto.org/english/news_e/spra_e/spra255_e.htm，2019年4月2日。

（注9）美国全国零售商联合会网站：NRF Warns USTR Tariffs Would Cost Americans Billions，Releases New Study on Consumer Impact，https：//nrf.com/media-center/press-releases/nrf-warns-ustr-tariffs-would-cost-americans-billions-releases-new-study，2018年8月22日。

（注10）荣鼎集团网站：Assessing the Costs of Tariffs on the US ICT Industry：Modeling US China Tariffs，https：//rhg.com/research/assessing-the-costs-of-tariffs-on-the-us-ict-industry，2019年3月15日。

（注11）贸易伙伴网站：Estimated Impacts of Tariffs on the U.S. Economy and Workers（2019），https：//tradepartnership.com/reports/estimated-impacts-of-tariffs-on-the-u-s-economy-and-workers-2019，2019年2月5日。

（注12）世界银行网站：Global Economic Prospects，https：//www.worldbank.org/en/publication/global-economic-prospects，2019年1月8日。

（注13）国际货币基金组织网站：World Economic Outlook，https：//www.imf.org/en/Publications/WEO/Issues/2019/03/28/world-economic-outlook-april-2019，2019年4月2日。

（新华社北京6月2日电）